体験学習で学校を変える

きのくに子どもの村の学校づくりの歩み

学校法人きのくに子どもの村学園長
堀　真一郎　著

黎明書房

まえがき　―常識はずれの正規の私立学校が誕生―

一九九二年四月、和歌山県の彦谷という山の村に、たいそうユニークな長い名前の私立小学校が産声を上げた。

学校法人きのくに子どもの村学園
きのくに子どもの村学園小学校（二年後、きのくに子どもの村小学校と改称）

名前が長いだけではない。中身が異常に変わっている。

◇「先生」と呼ばれる人がいない。大人は「さん付け」やニックネームで呼ばれる。
◇子どもは全部で九〇人なのに学年がない。複数担任制の完全縦割り学級だ。
◇時間割に教科の名前がない。学習の中心は「プロジェクト」という名の体験学習である。
◇宿題もテストもない。
◇いろいろなことを子どもと大人のミーティングで決める。

◇　教職員全員の基本給が同額だ。
◇　校舎は、イギリスなどのオープンプラン・スクールを参考にして設計されている。
◇　地域社会や広い社会へどんどん出ていく。
◇　食事はバイキング方式だ。
◇　食事の時は、黙りこくって食べてはいけない。会話を楽しんで食べよう。
◇　小学校なのに寮がある。だから遠くからでも入学できる。
◇　毎日、おやつとティータイムがある。
◇　校長はいるけれど校長室がない。校長も担任をする、など。

こんな変わった学校なのに県知事から認可を受けた正規の私立学校なのだ。普通の私立校と同じように私学助成もしっかり受けている。文部科学省からのクレームや指導も全くない。

学校ができた時、少なからぬ人が心配した。いちばん大きな心配は次の二つだ。
◇　体験学習中心のやり方で「学力」がつくのか。高校へ入れるのか。
◇　そんな学校が果たして長続きできるだろうか。経営は大丈夫か。
ご心配は無用。

二年後にできた中学校の卒業生たちは、高校では驚くほど立派な成績を収めている。大学への進学率も悪くない。

しかも、二〇二一年一月現在、学園の設置する学校は全国の五か所にふえている。和歌山だけでない。福井県（勝山市）、福岡県（北九州市）、山梨県（南アルプス市）そして長崎県（東彼杵町）に小中各一校、和歌山には高等専修学校があって大学進学率も高い。いずれもあえて小規模校で、児童生徒の数は計六七〇名ほどだ。

本書は、学園の「きのくに子どもの村通信」に「学校づくりのこぼれ話」として連載されたのを、黎明書房の武馬社長の提案と助言を受けて一冊にまとめたものである。七年半という長くて困難な準備期間にはさまざまなことがあった。数々の苦労や喜びがなつかしく思い出だされる。

私たちの学園の設立準備にあたっては、じつに多くの方からご支援をいただいた。お一人ずつお名前を上げることはできないけれど、特に資金面その他で格段の援助をいただいたミキハウスの木村皓一社長には心からお礼を申し上げたい。そのほか彦谷区長の故岡室猛彦さんはじめ地元の人たち、副学園長の丸山裕子さんなど「つくる会」の熱心なメンバー、そして開校後に仲間入りしてくれた子どもと職員たちなど数え切れないほどの皆さんにもお礼をいいたい。なお、今回の出版にあたって原稿の整理を教員の鈴木陽子さんと加藤友美さんにお願いしたことも付記しておこう。

二〇二一年一月

堀　真一郎

目次

目　次

目　次

1　山の家の誕生　―学校づくりの拠点―

倒れるときは気をつけて

小学生合宿に参加していたN君とK君が、タタミの上でプロレスごっこをしていて倒れ、N君が鎖骨を骨折した。自宅の母親に電話をかけた。

堀「……N君には自宅へ帰ってもらった方がいいですか。」

母「本人に聞いてやっていただけませんか。」

堀「どうする？　家へ帰る？」

N「絶対に帰らない。」

堀「帰らないといってますが……。」

母「ご迷惑をかけますが、最後までおいてやってくだ

これから徹夜に挑戦だ。しかし3時間で全員沈没

さい……。」

その次の小学生合宿のとき、N君の申し込み用紙を見てみんな噴き出した。その文面。

「プロレスをするときは、みんな、気をつけてたおれるようにしましょう。」

骨折して夜も寝られないくらい痛いのに帰宅を拒否した少年（小三）、それを認めたお母さん。どちらも今はわが子ども村学園の大人だ。勝山の真生《なおお》君（中学校長）ときのくにの丸ちゃん（丸山裕子副学園長）である。山の家が開設されたころの話だ。

山の家なべと肝だめし

山の家の合宿は、一九八五年の暮れから、一九九二年のきのくにの開校まで、春、夏、冬の休みごとに一度の中断もなく続けられた。子どもにも親にも大人気で、申込み初日の正午に定員を超過したことも少なくない。

期間は四泊五日が多く、活動はバラエティに富んでいた。木工、おもちゃづくり、家づくり、食事づくり、お菓子づくり、柿狩りとミカン狩り、丹生川で水泳、高野

これから肝だめし。狐に化かされないように眉毛をかくす

山見学、虫取り、夜の散歩、紀ノ川の河原で早朝野球、カンけり、トランプなどなど。そして欠かせないのが山の家なべと肝だめしだ。これらは今も続いている。山の家なべは、いわゆる「やみ汁」なのだが、いやしくも山の家なべを名乗るからには、みそ仕立てでないといけないことになっている。

もう一つ大事なのは「何もない日」。たいていは四日目と決まっていて、子どもたちがそれぞれに何かを始め、いい雰囲気で盛り上がる。

学校づくりの拠点として

山の家は、「新しい学校をつくる会」(以下「つくる会」)が最初に目をつけた建物ではない。「つくる会」は一九八四年(昭和五九年)の九月に発足した。メンバーはニイル研究会の世話人など六名である。目標は正式に認可を受けた自由な私立小学校の創立だ。もちろんすぐに実現するわけはない。まず、小学生の合宿を始めるための場所さがしから始まった。そのころ私は大阪市立大学に勤めていたのだが、研究室には毎週土曜日の午後に出入りしていたグループがあった。(まだ週六日制のころだ。)

いくつかの候補地があったが、いろいろな理由で話がまとまらなかった。

まず和歌山県粉河町の使われなくなった小学校の分校の施設に目を付けたけれど、タッチの差で大阪の帽子製造会社に持っていかれた。

和歌山県の清水町の高台にあった大きな民家は家主がためらった。これは今では町の自然体験施設として活用されている。

同じ清水町の遠井《とい》はスイスのような風景の素敵な村だ。村の人は放置された分校の再利用のプランをたいそう喜んでくれた。教育委員会も関心を示したのだが、古いので責任をもって貸せない、といわれて頓挫した。

きのくにの開校後しばらくして訪れてみると、大がかりな改修が始まっていた。それから二、三年後、テレビニュースに何度も登場した。なんとこの元分校は、あのオウム真理教の道場として使われるようになっていたのだ。村の人も教育委員会も、きっと「あの時『つくる会』に貸しておけばよかった」と悔やんだにちがいない。山の家の開設までに足を運んだ所は、ほかにも数か所ある。いちばん遠いのは鳥取県の気高町だ。

和歌山県清水町遠井区の旧分校。「つくる会」が借りていればオウム真理教の道場にはならなかった

木下善之さんとの出会い

山の家の利用は偶然から始まった。ある日、私と「つくる会」事務局の西山知洋さんは、紀ノ川ぞいに候補地を求めて東へ進んで橋本市まで来てしまった。そして通りかかった新聞配達の青年に

教えてもらった不動産屋さんから「国城山の中腹に空き家がある」と紹介されたのだ。

家主の木下善之さんは、橋本市議会議員で、元は農協の指導員として柿づくりの振興などに尽くされた人だ。木下さんは、私たちの計画に賛同して風呂場と水タンク（二基）の新設、台所と飲料水タンクの改装、前庭のコンクリート舗装などを進めてくださった。何百万円も使われたに違いない。

私たちは、山の家を拠点にして、学校づくりのアピールと、将来の学校運営のための自己訓練を始めた。学校の候補地さがしも本格化した。山の家に隣接する田圃もその一つだ。和歌山県や大阪府だけでなく、鳥取や高知へも出かけたものだ。

木下さんには、廃校になった学校や間もなく休校になる学校をいくつか教えてもらった。市の中心から八キロほど山間部に入った彦谷地区もその中に入っていた。こんなわけで、木下さんは、学校づくりの始まりのころからの大切な仲間の一人なのである。

2　休校施設払い下げ交渉

日本で初めて

「廃校利用の学校は、わが国最初のケースです。必ず成功させてください。」

一九九八年、かつやま子どもの村小学校の認可が間近な頃、東京から激励の電話を受けた。相手は文部省（二〇〇一年から「文部科学省」となる。以下「文科省」）の地位のある人だ。

その十年前、私たちは橋本市との彦谷小学校（詳しくは橋本市立恋野小学校彦谷分校）の払い下げ交渉で悪戦苦闘していた。この学校は、一九八七年三月十九日の卒業式を最後に無期限の休校に入った。その翌日、地元の校区で「新しい学校をつくる会」主催の説明会が開かれ、住民全員の署名付きで私立学校を誘致するための要望書が市に出されたのだ。

学校がなくなれば過疎はますます進む。やがて村が死に絶える。それに子どもの声の聞こえない村など寂しくて耐えられない。どうしても学校を。これが区長の岡室猛彦さんはじめ、村の人たちの悲痛な叫びであった。

市へ要望書提出

橋本市の反応は芳しくなかった。理由はいくつか考えられる。

①　紀ノ川支流の丹生川にダム建設の計画があり、彦谷地区や周辺道路が将来どうなるか未確定だ。
②　民間に譲渡すると、校舎建築時の文科省から助成金の大半（およそ六〇〇〇万円）の返却を求められる。
③　計画の母体である「つくる会」に実績と信用がない。
④　彦谷地区と市の関係は、地区に開設された市のゴミ処理場のことなどでぎくしゃくしている。
⑤　橋本市にも社会全体にもまだ新しい学校に対する理解が生まれ育っていない。

合同の運動会

一九八七年秋、市から正式に拒否回答が届いた。しかし区長さんも「つくる会」も諦めなかった。会と地区との交流は深まり十月には合同運動会が開かれた。もともと運動会は学校と地区の共催の行事だったのだ。「つくる会」の子どもが四〇名ほど参加して和やかな一日になった。種目も多彩で相撲まであった。なんと私（堀）が優勝！　締めくくりは伝統の炭坑節ともちまき。これは開校後の今も引き継がれている。

「つくる会」と彦谷地区の合同運動会。これは珍種目「ものほし競争」

今度もダメ

一九八八年の春に村の家の建設が計画された。開校後は寮に転用しようと考えたのだ。学校の払い下げに期待が持てそうに思われたからである。じっさい市長は「これを進めるには学校を廃校にする手続きが必要。地元から請願を出して欲しい」と提案したのだ。地元はすぐに署名を集め書類を提出した。今度は要望ではなく請願である。法的に重みが違う。内々に「五〇〇〇万円ではどうか」という打診まであった。

しかし横やりが入った。村の家が完成し、最初のサマースクールが終わった八月、市長は態度を豹変させ、請願が市の文教厚生委員会でまだ審議中なのに、社会福祉施設に転用すると発表したのだ。村の人は「趣旨が違う」と怒って請願を取り下げてしまった。市長も「地元のためを思って考えたことなのに」と怒ったという。

方向転換、しかし彦谷にこだわる

市の関係者すべてが反対したのではない。例えば文教厚生委員会の北村委員長（その後、市長）は民法を研究し、施設の貸与について和歌山県と折衝してくださった。そして県は「半分は借用でよい」というまでに折れてくれたのだ。北村さんにはその後もいく度もお世話になっている。心からお礼申し上げたい。

二度目も拒否されて、さすがの「つくる会」にも動揺が走った。前回に続いて今度も何人かが会を去って行った。しかし大半の会員は諦めなかった。村の家はできていたし、秋にはスコットランドからキルクハニティ・ハウス・スクールのジョン校長夫妻の来日もあって、一種の不思議な楽天主義が漂っていたように思われる。

危険な方向？

しかし、それにしても今後どうするか。選択肢は四つあった。

①　市との交渉を続ける。

②　別の地に候補地を探す。（じっさい大阪府内や鳥取県などに候補地があった。）

③　方向転換をして自前の土地と建物を用意して開校をめざす。

④　学校づくりを諦める。

けっきょく私たちは第三の道を選んだ。ほとんどのメンバーが残り、二度目の合同運動会も無事に済ませた。もちろんこれからの道は決して平らではない。何年後に目標に近づくという見通しもはっきりしない。友人や先輩の中には「危険な方向に進み始めたぞ」と警告する者もあった。資金集めを本格化させて、それが失敗した時、社会的にも経済的にも破綻をきたす、と心配してくれた

左から木下さん（山の家の家主），堀，岡室さん（彦谷の区長）

のだろう。

なにしろ学校づくりを一から始めると、大変な額の資金が必要になる。その頃できた生野学園（兵庫県）は約八億円とか、自由の森学園（埼玉県）などは数億円の借金が残ったとか聞いていた。もともと学校建築は基準がきびしい。当時はいわゆるバブル期で土地代は高い。そのうえ開校後の一年分の経常経費を、あらかじめ用意しなくてはいけないのだ。

しかし、その頃の「つくる会」は「学校づくりは彦谷で」と決めていた。村の家がすでにあり、岡室区長さんはじめ熱心な地区の人たちとの人間関係も確立されようとしていたからだ。そして実際にこれは何より大事な財産となった。

日本のあちこちで

彦谷小学校の譲渡交渉は、こうして頓挫した。しかしその過程で学んだことはとても多い。それは、その後の資金計画や書類づくり等で生かされている。またその後の福井での学校づくりでもおおいに役に立った。

一九九八年のかつやま子どもの村の開校は、各地の廃校の活用と、借地・借家による私立学校開設への道をひらいた。長野のグリーン・ヒルズ小学校（二〇〇五年開校）や北九州の平尾台の学校（二〇〇六年開校）がその好例だ。

3　学校用地の取得と造成

ウナギ上りの不動産価格

学校の設立準備を進めていた頃（一九九〇年）、橋本市内でこんな話を聞いた。市の北部の新興住宅地で新築住宅の分譲がはじまった。土地三〇坪、床面積は二五坪程度だ。価格はなんと七二〇〇万円という。ひどい値段だ。それがすぐに転売され八五〇〇万円になった。さらに二週間後には一億円を超したという。その頃の不動産価格は天井知らずで、多くの人が濡れ手で粟のもうけをねらって、土地や住宅を買いあさった。一〇人くらいで組んで抽選の行列に並んだりした人たちもあったらしい。不動産関係者だけではない。普通のサラリーマンや農家の人もブームに踊らされたのだ。

用地取得交渉も難航

やがていわゆるバブルがはじけると、せっかく手に入れた物件の価値は急落した。銀行からの借入金の金利さえ払えなくて手放した人が少なくない。借金だけが残ったのだ。破産状態に陥った人もある。

二度にわたって彦谷小学校の譲渡交渉が暗礁に乗り上げた後、「新しい学校をつくる会」は、方向を転換して、自前の土地と建物で開校をめざす道を選んだ。そしてその用地は、まさに土地バブルの真っ只中に取得されたのだ。現在の小中高と運動場にまたがる農地と山林である。面積は、斜面も含めておよそ五八〇〇平方メートル（一八〇〇坪弱）で、払ったのは二〇〇〇万円だ。坪単価が一万一千円くらいになる。

これは当時の都会の人の感覚では安い。しかし地元のそれまでの値段に比べるとかなり高い。むろん私たちには相当の負担であった。「つくる会」の蓄えの大半がつかわれた。なにしろ土地の値段はもっと上がると思われていた頃だ。隣の村に住む地主さんたちも、学校設立の趣旨には大賛成だが、だからといって、そう簡単には手放すわけにはいかない。家族や親戚縁者からの反対もあっただろう。何度も足を運んで、ようやくウンといってもらうまでに何か月もかかった。話がまとまったのは一九九〇年一月の末である。

官民境界明示作業。学校用地と市道の境界を決める

規制のクリヤーなんとかＯＫ

土地バブルの対策に政府が重い腰を上げ、その年の三月一日から国土法が改正され、三〇〇平方メートル以上の土地売買には事前に価格の届け出が必要になった。たいそう面倒な手続きが必要になったのだ。

もっと難しいのは農業振興指定地域の問題だ。略して「農振」という。山間部など指定を受けた特定地域の農地では、税制面の優遇措置がある。しかしその売買には指定の解除が不可欠だ。都道府県の農業委員会へ申請して、許可が出るのに半年はかかるという。さらに橋本市の農業委員会で通常の農地転用の審査が続くから、少なくても十か月の覚悟が必要だ。

規制はまだある。「官民境界の明示」だ。学園のそばの道はせまいけれど市道である。買い取る農地と道路との境界が決まっていなかった。改めて正式の測量をしたうえ、周辺の地主全員の立ち合いのもとに橋本市との話し合いで決める。これにも意外にお金と時間がかかる。

造成工事始まる（1990 年初夏）。前の山を削って手前の谷間の田んぼを埋める

どれもこれも私たちには大変な難題である。ところが、どういうわけか幸運が続いたのだ。まず土地売買価格の届け出の件だが、規制は三月一日に始まる。それまでに契約が成立していれば免除されるという。契約は一月末だったから間一髪で難を逃れた。

次は「農振」の指定解除。和歌山の県庁に現地の事情と学校開設計画について説明すると、当該の田んぼは過去十数年間まったく耕作されていないから、まことに異例ではあるが、手続きなしで解除しましょうという。ありがたかった。（皆さん、行政は意地悪とは限らないのです。特に和歌山県では……。）

土地の測量には思いのほか費用がかかったけれど、官民境界明示も無事に終わり、市の農業委員会から農地転用の許可が出たのは一九九〇年の四月下旬だ。開校を待っている子が多い。急いで造成にかかろう。

一匹オオカミの土建屋さん

用地の造成といっても、平地とは場合が違う。グラウンド用地の山を削って、数メートル下の田んぼを埋めるのだ。大量の土砂の移動が必要になる。そのうえ沼田《ぬまた》である。土地の人のいう「ふけ田」だ。土がやわらかい。かつては腰までつかって田植えをしたそうだ。だから排水工事も必要だ。真ん中に大きな溝を掘り、ぐり石を敷いてその上にヒューム管という穴のあいた土管を通した。次は盛り土をした部分、つまり今の小学校と食堂のあたりの擁壁の工事だが、公共工事のような本格的なことはとてもできない。検査にとおる最低限の工事ですます。

請け負ってくれたのは橋本市内の中谷勇さん（故人）。酒とおしゃべりの好きな人で、毎朝六時過ぎに村へ上ってきて、夕方遅くまでブルドーザーで削り、ダンプカーに乗せて埋め立てる日が続いた。土管その他の材料の買い付けまで、すべて一人でこなすのだ。掘削、埋立て、排水工事、擁壁工事などに半年もかかった。費用はおよそ一一〇〇万円だ。あとで保護者で土木工事にくわしい北島登さんに聞いてみた。

「この程度の工事だと普通の業者ならいくらかかりますかね。」

北島さんの答え。

「四〇〇〇万はくだらんでしょう。」

4　一、〇〇〇人以上から寄付金

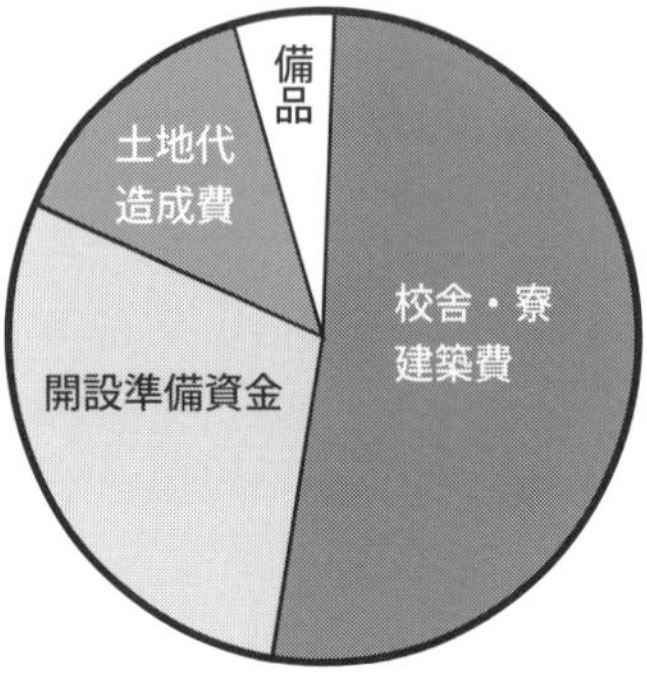

図1　学校設立資金の使途
（総額：2億3800万円）

もうすぐ時間切れ

時は、一九九二年二月の末。開校があと一か月に迫っていた。しかしまだお金が足りない。校舎と寮の建設の目途は立ち、その費用も用意されていた。設備や教具もそろっている。足りないのは「開設準備資金」、つまり当面の運営資金である。私立学校の設立時には、開校後一年分（または半年分）の経常経費相当額をあらかじめ準備しないといけない、と言われていた。用意できないと認可が遅れる。和歌山県当局の説明では「子どもが一人も来なくても一年間は持ちこたえるための現金」だそうだ。きのくにの場合は約七〇〇〇万円だ。設立予算の三割にもなる（図1）。このお金は「イザという時のためのたくわえ」だ。普段は手を付けてはいけない。
その二か月前、クリスマスの頃には四五〇〇万円足りなかった。「新しい学校をつくる会」のメンバーが、また乏しい貯金を持ち寄った。すでに寄付してもらった方に再度のお願いをした。入学予定の保護者にも事情をお話しした。たくさんの保護者が応じてくださった。それでも二五〇〇万円も足りない。

窮余の一策　つまり借金

時間がない。申請書通りに準備が整わなければアウトだ。運がよくても開校が一年は遅れる。待っている子どもたちに迷惑はかけられない。残った手段は一つしかない。銀行からの借り入れだ。むろん開校予定の学校の借金は禁止されている。そこで私が個人で二二〇〇万円借りることにした。本当は二五〇〇万円借りたい。しかし我が家の土地と建物では担保が足りない。担保にできる貯金も残っていない。けっきょく三〇〇万円は紀陽銀行の六十谷支店長のはからいで、特別に無担保で融資してくださることになった。間一髪の資金集めだったのだ。

寄付金の最少額は一七〇円あまり

もっとも多くの寄付をいただいたのは、子ども服のミキハウスからだ。法人からの寄付の八割を超える。ニイル研究会の会員など、個人からの寄付は八〇〇人以上（延べ一一〇〇人）になる。退職金から数百万円も送ってくださった方もある。（奥さんに内緒だったらしい。）いちばん額が少ないのは、小学生合宿に参加した有志からで、クッキーを焼いて大人に売り、利益の全額（一七四円）を寄付してくれた。「学校をつくるお金につかって」といってくれた時の子どもたちのまなざしが忘れられない。しかし開校はこの子らには間に合わなかった。申しわけない。

学園は、多くの方の支援によってスタートした。棟梁の堀等《ひとし》さん（故人）のことも記しておこう。棟梁には「村の家」の難工事でお世話になったが、このたびも四棟すべてを格安の費用で引き受け、しかも開校に間に合わせてくださった。総床面積は一一〇〇平方メートルで、費用は九八〇〇万円。坪単価は二九万四〇〇〇円だ（!?）。

急ピッチで校舎建築が進む
（1992年1月）

ミキハウスからの援助

「私は、堀先生の夢と理念に純粋に感動して支援させていただきます。別に何の目的もありません。もし私が役員になれば、人は何のために金を出すのかと、余計な詮索をするかもしれません。せっかくの美しい計画も、ミキハウスの学校といわれたり、へんな目で見られたりしたのでは、つまらないではありませんか。」

私がミキハウスの木村皓一社長に「理事になってほしい」とお願いにうかがった時のことばである。私は、ただただ頭を下げるばかりであった。

木村社長は、税制面で可能な限度いっぱいの支援と、教員免許のある社員の中からつのって教員として派遣すると約束してくださった。給料は会社で負担してくださるという。これで学校づくりは、いっぺんに弾みがついた。木村社長には、人とお金のほかに、さまざまな助言もいただいた。二〇〇五年、ミキハウスからの教員は四人とも学園の所属になったが、支援はその後も続いた。本当にありがたいことである。

ミキハウスの木村社長，両端の 4 人が元ミキハウス社員の教員たち
（2012 年，創立 20 周年記念の集まりで）

保護者の皆さんにも感謝

きのくに子どもの村は、多くの方の激励と助言と財政的支援によって成り立ってきた学校である。保護者の皆さんにも、何度も支援をお願いしてきた。特に開校の頃は、入学金のほかに多額の援助もお願いしなくてはならなかった。何度もバザーを開いてくださったグループもある。小学校の開校以来、中学校、高等専修学校、かつやまの小学校と中学校、キルクハニティなど、小さな学園のくせに、立て続けに拡充計画が実現したのは、保護者の皆さんのおかげである。あらためて深く感謝したい。

図2　学校設立資金の内訳

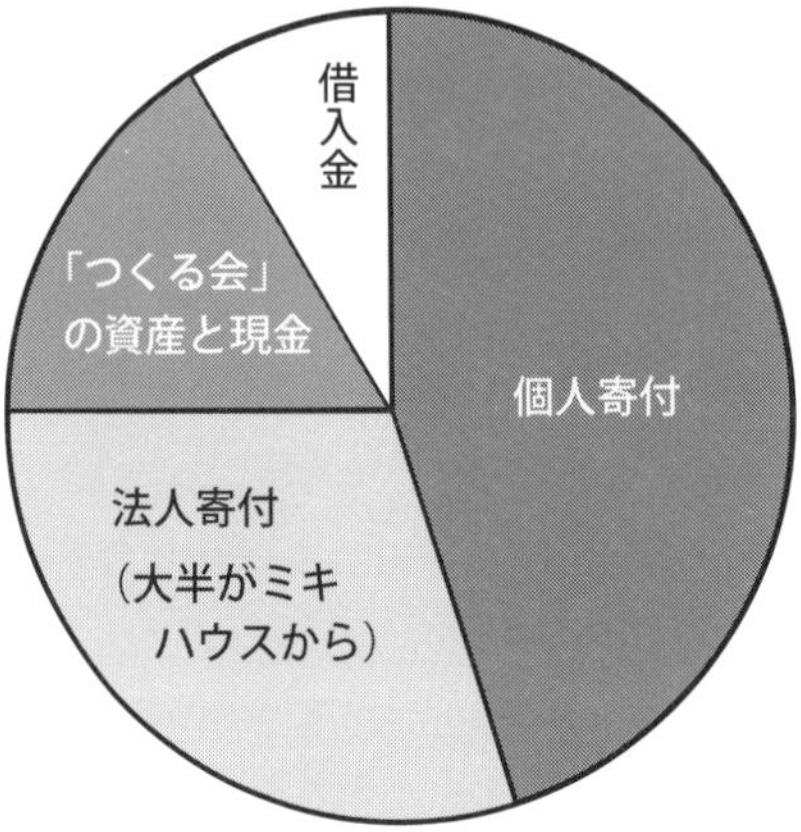

5　大わらわの申請手続き

三日間　完全徹夜

「堀先生、とうとうできましたね。これで前へ進めます。」

阪口さんが我がことのように喜んでくれた。和歌山県総務学事課の文教班長さんだ。一九九〇年十二月二八日、御用納めの日の夕刻である。この日、私たちは学校法人などの認可申請書を県知事に提出したのだ。

学校法人設立、学校設置、準備財団認可の三つの書類は同時に出す。共通の書類も多い。どこかの数字を直すと、ほかの表や書類に連動する。印鑑をもらいに栃木まで往復した者もある。

忙しさに輪をかけたのが私自身の身分の問題だ。申請間際に、勤めていた大阪市立大学から、公務員なので設立代表者は困るといってきた。急いで代表を喜田周一さんに代わってもらう。

そんなこんなで最後の三日間は「村の家」での徹夜作業だ。「新しい学校をつくる会」のメンバーは、だれもみな疲れ果て、よれよれの状態で正月を迎えた。

積み上げると三〇センチ

主な書類を紹介しよう。

◇　寄附行為

いちばん大事な書類だ。学校の理念と組織の基本を定めたもので、国でいえば憲法、会社なら定款にあたる。寄附行為と書かないといけない。寄付行為ではない。

◇　設置要項

学校の目的、規模、組織、学則、財産目録、資金計画など。

◇　施設の概要

土地の図面と登記簿謄本、校舎の設計図と工事の契約書、備品一覧表（校具、教具、図書）など。それに校舎などの建築確認の書類が加わる。

◇　役員や職員の名簿

役員（理事、監事、評議員）は就任承諾書、履歴書、印鑑証明、身分証明書（本籍地発行）の四点セット。職員は採用承諾書、履歴書、免許状の写し。これを一人ひとりについて揃える。

◇　寄付関係

設立予算に相当する額の寄付の見込み証明書が要る。寄付申し込み書、印鑑証明、銀行の残高証明の三点セットを集める。これがいちばん大部になる。

これだけのボリュームのものを学校法人、学校、準備財団ごとに正副二通つくる。もちろん手元にコピーも残さないといけない。全部積み上げると、ゆうに三〇センチを超える。

修正、差替え、また修正

提出した申請書は、内容の検討が続き、修正や差替えが繰り返される。数字や金額の一部が変われば、三種九冊すべて修正する。人が変われば、また差替えだ。しかし正式に受理されると、学校づくりは大きく前進する。六月の県の私学審議会でゴーサインが出ると、ようやく建築確認の申請と子どもの募集ができる。絶対にそれ以前にしてはいけない。建築確認にはたっぷり三週間かかる。待ち切れなくて許可の出る前に着工すると、私立学校としての認可のすべてがアウトになる。

いちばん大きな仕事は、なんといっても資金集めだ。予定通りには集まらない。最後は個人的に銀行から借りたことは前に述べたとおりだ。県からは資金計画や工事の進捗状況についての調査も入る。建築工事の遅れにはヒヤヒヤさせられる。「つくる会」の中で意見の違いも出てくる等々。一九九二年三月末日、ようやく認可が下りたときには、ドッと疲れが出たものだ。

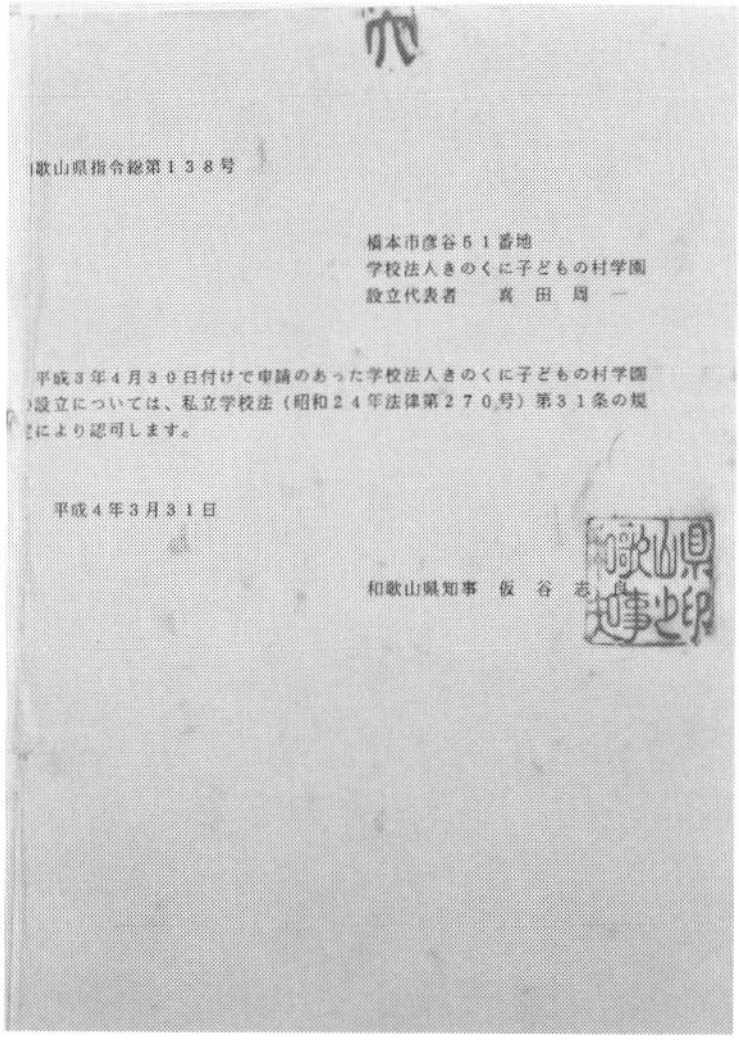
歌山県指令総第１３８号

橋本市彦谷５１番地
学校法人きのくに子どもの村学園
設立代表者　　真　田　周　一

平成３年４月３０日付けで申請のあった学校法人きのくに子どもの村学園設立については、私立学校法（昭和２４年法律第２７０号）第３１条の規定により認可します。

平成４年３月３１日

和歌山県知事　仮　谷　志

和歌山県知事からの認可書
（1992年3月31日）

今も昔も親切な和歌山県当局

「堀先生、おめでとうございます。……しかし小学校だけではいけません。中学校もがんばってもらいませんと……。」

阪口さんの後任の山中さんのことばだ。これまで何度も書いてきたのだが、歴代の和歌山県の総務学事課の皆さんには、本当によくしていただいた。いやな思い出は一つもない。電話をすれば、いつでも会ってくださった。お茶まで出していただいた。法令の運用でもずいぶん柔軟に対応してくださった。計画が暗礁に乗り上げかけた時に、法令の中の小さな但し書きを見つけて助言してもらったこともある。

総務学事課の方々にはその後も世話になり続けている。二年後の中学校の開設、六年後の高等専修学校と福井県勝山市での小学校の開校、さらに定員増の問題など、学園の発展を応援してもらっている。

日本の行政は基準行政といわれている。基準でかんじがらめにするという意味ではない。どの担当者もだれに対しても公平に基準を運用するという趣旨だ。しかし、ほかの県の様子を聞くと、和歌山県はやはり特別なのではと思う。ついでにいえば、福井県の学事課からも最初からあたたかい理解と指導をいただいてきた。これを機会に改めて両県に心から感謝したい。

開校1週間前のピッカピカの小学校校舎

6　校舎の基準はきびしい

たった三センチで

「えーい、けったくそ悪い。いっそ、全部やり直しだ。」

棟梁の堀等《ひとし》さんがカンカンになっている。校舎の完成検査で、玄関の幅が三センチ足りない、少し広げろといわれたのだ。大工さんたちは怒って大幅に広くしてしまった。学校建築の基準は大変きびしい。

① **廊下の幅**　片方に部屋がある場合は一七三センチ、両側が部屋なら二三〇センチ以上。これは鉄の掟である。階段は一四〇センチ以上。

② **教室の出入口**　教室には必ず二つ以上の出入口が必要だ。ドアはだめ。必ず引き戸でなければならない。

③ **天井の高さ**　当時の基準では三メートル以上。小学校の時は、二四〇センチでＯＫが出た。理由はわからない。検査官が知らなかったとは思えない。

④ **消火設備**　床面積が五〇〇平方メートル以上なら消火栓の設置が不可欠。それ以下なら消火器でよい。

⑤ **天井裏**　いくつかに仕切らないといけない。防火板を二枚重ねてはる。

⑥ **窓の大きさ**　床面積の五分の一以上。

⑦ **教室の数と広さ**　たとえ四学級の小学校であっても六つ以上の普通教室と特別教室が必要。木造教室の広さの上限は五〇平方メートル。

⑧ **建築確認**　設計図を揃えて県の建築事務所に申請する。確認が出るまで三週間かかる。その前に着工してはいけない。

⑨ **構造計算**　木造でも床面積が五〇〇平方メートル以上だと資材と構造の計算を求められる。時間とお金がすごくかかる。これを避けて、当初プランでは一体だった小学校と食堂を、二つに分け、間に廊下を置いた。

⑩ **壁とカーテン**　壁紙とカーテンは不燃材に限られる等々。

検査当局同士が大げんか

小学校の寮を中学校の校舎に変えた時のことだ。校舎の階段の基準では、一段の高さが十七センチ、奥行きが三〇センチだ。これよりゆるやかでないといけない。寮にはこれよりほんのわずか急勾配の非常階段がついていた。建築事務所の係官は、学校に非常階段は要らない、残すと違反になるから取りはずせという。そこで消防署の担当者が怒った。ほんのわずかではないか。ないよりあった方がよい、という。建築事務所は「残すと違反だ。はずせ」といい、消防署は「子どもの安全のために残せ」といってゆずらない。さて、その結果は……？

ことほど左様に基準は微に入り細をうがっている。しかしすべてがバカバカしいわけでもない。子どもの安全という観点からは、やむを得ないものも少なくない。係官や建築基準を悪の権化のようにいうのはやめよう。

自由学校だからオープンプラン

日本の伝統的な校舎では、長い廊下の片側に教室が連なっている。大きさも形も同じだ。その中で同一年齢の子どもが均等に分けられて、同じ授業がおこなわれている。学級規模も教材も指導方法も固定されているのだ。

新しい理念で作られる学校には、それにふさわしい建物が必要である。つまり子どもの年齢、自発性と興味、そして習熟度などに柔軟に対応できる学びの場でなくてはならない。子どものグルーピング、学習形態、学習方法が大胆に変えられるとよい。子どもの移動が容易でないといけない。

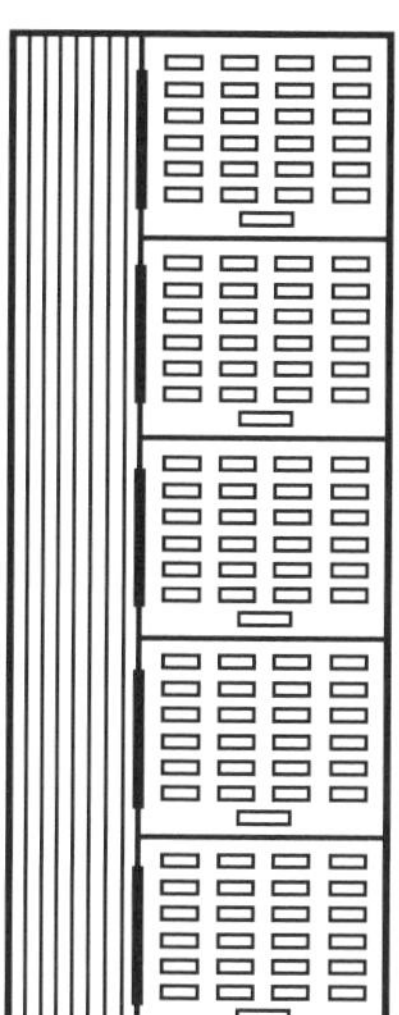

日本の伝統的な小学校校舎

学習材は手近にあるべきだ。この目的に適うように発明されたのが、イギリスのオープンプラン方式の公立小学校である。

壁のない学校　多様な学習

オープンプラン方式の校舎には廊下がない。廊下がないので建築費が少なくてすむし、学習スペースを広くとれる。大きさと使用目的の違う空間が上手に組み合わされている。教材や道具類が子どもの手の届くところに整理されている。子どもの個性と学習の性格に合わせて、一斉授業、小グループ学習、そして個別学習ができる。また校舎のなかでも、外との行き来でも、子どもたちの動きがスムーズになる。

このタイプの校舎は、自由で体験中心の学校を作りたいけれど資金の乏しい私たちには格好の構造である。かくして小学校と体育館（現食堂）の建築費は、床面積が六七〇平方メートルで六〇〇〇万円弱であった。坪単価は二七万円より安い。設計上のアイデアと堀棟梁のあつい心とのおかげである。

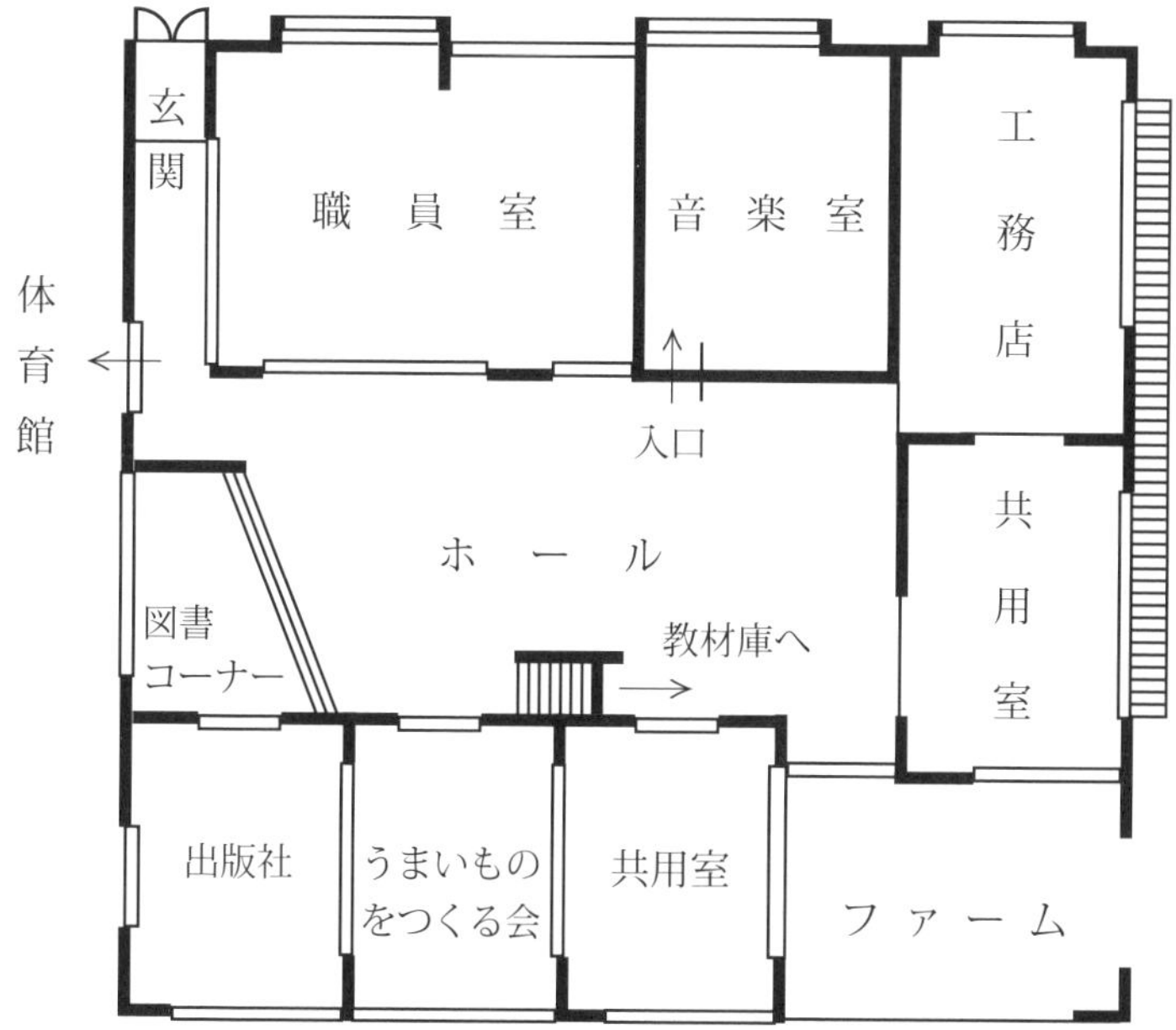

きのくに子どもの村小学校校舎の平面図（開校時，オープンプラン形式）

体育館も木造だ

7　注文の多い保護者

ニイル（一八八三―一九七三）
サマーヒル・スクールの創設者。著書『新版ニイル選集・全五巻』（堀訳、黎明書房）ほか

ニイルの嘆き　問題の親

「おお親たちよ。……あなた方には、もううんざりだ。私は、あなた方のせいで問題の子どもになった子の相手をしている。どの子も幸福で有能な子どもへと変わってくる。しかしあなた方は……私の仕事に疑いを抱き、そのために私の時間と努力が無駄になっている。」（『問題の親』）

創設期のサマーヒル・スクール（一九二一年―）には、さまざまな問題行動を示す子が少なくなかった。盗み、いじめ、ウソ、破壊、白昼夢などだ。ニイルは、精神分析の理論をつかってこういう子の相手をした。『問題の子ども』や『問題の親』には多くの事例が紹介されている。しかし彼を困らせたのは子どもだけではない。保護者にもさんざん手を焼いたのだ。授業料を踏み倒す、子どもが元気になると「きちんとした学校」へ連れ戻す。持ち物や食事について何かと文句をいってくる、悪意のこもった噂を流すなどである。

二人の神に仕えることはできない

いちばん厄介なのは、子どもが家庭に帰ると、学校の理念とは正反対のしつけや道徳教育をする保護者だ。私たちの子どもの村学園の例でいえば、自発的で総合的な体験学習中心の授業に納得できなくて、子どもに漢字や計算のドリルを持たせた人がある。週末に家庭でせっせと教えた人もある。これは時間と労力の無駄で実際には逆効果になりかねない。勉強ぎらいが生まれる。（親の大半はわが子にとって最悪の教師なのです。念のため。）

むずかしい注文

きのくにには、ニイルが悩まされたような強烈な保護者は、ほとんどいない。（全くないわけではない。）もちろん保護者からはさまざまな要望が出る。なるほどと思って採用させてもらったものもあるが、お断りしたものも少なくない。例えば……。

① 食事についての不満

わりあい多いのが食事についての不満や疑問だ。時には「自然食品をぜひ」という要求が強く出る。これは現状では満足のいく対応は無理だ。おやつに添加物や砂糖のないものを、といった人たちもある。残念だが、食事について最も不満を持つ保護者の子で途中で転校して行った者も何人かある。

② 寮母は母親の代わり？

寮での子どもの世話について、こと細かに要求するお母さんもある。

「毎朝、歯を磨いてやって」

「寝る前に背中をトントンして」

「日記をつけさせて欲しい」

「食べ物の好き嫌いをなくして」

「入浴を毎日きちんと」等々……。

しかし学園の基本方針は「寮母を必要としない子に育てる」である。そして実際、寮の子どもたちは、世の中の子にくらべてはるかにたくましい。

③ 子どものケンカと親のバトル

わが子がいじめられている、という訴えもくる。時には「あの子を退学させよ」と要求したり、親同士が電話でののしり合ったりする。確かにいじめの事実が存在することがある。しかし、全校集会で、双方が自分にも問題があると納得して譲り合うことが多い。子どもは自宅に帰っても自分に不利なことは親に話さない。それが普通で自然だ。実際には、その子の方に問題がある場合も少なくない。学校では弱い子に命令ばかりしているのに、家では「きのくには地獄」と訴えた子もある。（この子も転校していった。）

このほかにも心配性が過ぎる、見当違いの批判をしてくる、若い寮母に文句をいうなど、いろいろな人がある。

受験指導は一切しません

ニイルは「問題の子どもは決してない。あるのは問題の親ばかりだ」と嘆いた。きのくにの保護者には、ニイルを困らせたような人は、とても少ない。たぶんその理由の大半は、家庭生活が幸せで、とくに両親の仲がよいからであろう。

中学校ができて三年目の秋、三、四人の保護者の訪問を受けた。用件は高校受験だ。受験指導にも力を入れて欲しいという。しかし「受験指導はしない。相談にはいつでも乗る。」これが私たちの大原則だ。「勉強しろ」とか「準備は大丈夫？」とか声もかけない。「その高校は無理だ」といって受験を止めたりもしない。しかし相談には乗る。情報も提供する。資料も取り寄せる。

人生を深く考える

自分の進路について思いを巡らせるのは、自由学校の子にとって最も大切なことだ。真剣に取り組んで欲しい。

この時の皆さんは粘り強かった。二時間くらいかかった。

「理想はわかるが現実は……」

「うちの子の場合は……」

「受験は避けられない……」

しかしここは譲ってはいけない。小さな妥協がやがて大きな変質につながった学校がいくつもある。だから、この保護者たちの要望には応えられない。しかし実際にはその後の卒業生はたくましく巣立っている。成績が学年で一番になったという話さえ何度も聞く。クラブ活動や生徒会で活躍する子も多いらしい。

ついでにいうと、親からいわれて塾通いを始めたり、家庭教師がついたりすると、とたんに学校での情緒の安定や学習意欲に支障が出ることが少なくない。ご用心！

竪穴住居を作る。プロジェクトは多方面の学習に発展する

8　プロジェクト誕生　――自発的、総合的な体験学習の始まり――

道づくり

「よいしょ、よいしょ！」

「おもいな、これ。」

「あっ、落ちるぞ。気をつけろ。」

「新聞社のおじさん、見てないで手伝って！」


数人の子どもが、長さ一メートルの丸太を運ぶ。直径は二〇センチちかい。とにかく重い。しかも急な斜面だ。取材に見えた読売新聞の鰭崎《ひれざき》さんも手伝わされる。古い電柱を使って階段を作るのだ。階段の下のゆるやかな所はコンクリートの道にする。本物のミキサーを借りての本格的な作業だ。途中に、ちゃっかり自分たちの名前も彫り込む。二週間かかってようやく完成。もちろんパーティを開いて乾杯をする。道についての調べものや道のつく熟語の勉強も続く。

これは、きのくにのプロジェクトの様子である。といっても開校の四年も前のサマースクールでのことだ。子どもの村でいちばん大切な学習方法であるプロジェクトの構想は、この頃にはすでに誕生していたのだ。この道は今も残っている。村の家に登る道がそれだが、子どもたちの名前は、残念、すり切れてしまった。

なぜプロジェクト中心の学校なのか?

きのくに子どもの村は、「新しい学校をつくる会」が設立した学校だ。「つくる会」は一九八四年の秋にできて、翌年には「山の家」を開設して小学生合宿を始めた。とても評判がよくて、毎回、募集開始日の午前中には定員をオーバーしたものだ。主な活動は、おもちゃづくり、料理、探検、川遊び、きもだめし、野球、そしてミーティングなどだ。しかし明確な青写真はまだ整っていなかった。ところが、一九八八年に彦谷に「村の家」が完成し、二週間の長いサマースクールが計画され、将来の学校の具体的なプランづくりを急ぐことになった。

そもそも私たちはなぜ学校づくりに足を踏み出したのか。理由は大きく二つある。

① 当初の「つくる会」のメンバー五人は、みな「ニイル研究会」の会員で、自分たちの子どもたちのためにサマーヒルのような学校を用意してやりたいという強い願いを抱いていたからである。

② そのころ大阪市立大学に勤務していた私(堀)が行った調査の結果に衝撃を受けたからだ。これは、小学生(四—六年生)の生活実態を調べるためのアンケート調査で、その中の質問の

一つに「あなた学校がでいちばん楽しいのは何ですか」というのがあった。いくつかの選択肢から選んでもらうのだが、最も多かったのは「ともだちに会える」で、二番目が「クラブ活動」、それに「給食」がつづく。ところが、なんと「授業」と答えた子があまりにも少ない。多いところでわずか五パーセント、ある大都市の小学校では、二パーセントにすぎない。これにはすっかり暗澹たる気持ちになってしまった。

　これはひどい。自分たちの子どものための学校では「学習（授業）がいちばん楽しい」と答える子が三分の一くらい、少なくとも三〇パーセントになるような学校にしなくては。それには、何よりも学習の方法を新しく変えなくてはいけない。こうしてサマーヒルの実践（自己決定と感情面の解放）とジョン・デューイの「為すことによって学ぶ」方式（体験学習）を合体させて「プロジェクト中心の学校」というアイデアが固まった。

新築の「村の家（のちに寮）」への道づくり

自己決定、個性化、体験学習

自己決定と体験学習は、「新しい学校をつくる会」の発足当時からの大原則である。しかし小学生合宿の過程で、私たちは、この二つの原則を実行するには、個人差の尊重と個性の育成が不可欠だと実感するようになった。こうして個性化という第三の原則が加わった。

三原則は有機的に絡み合っている。孤立してはいけない。例えば自己決定だけが謳われ、個人差に対応した体験が準備されないと、時間とエネルギーの浪費になる。子どもも困る。かえって教師主導の画一的な体験、つまりたんなる作業が導入されることになりかねない等々。

けっきょく図のように三原則を少しずつずらして重ね、具体的な学習の形態ができた。中央のプロジェクトでは、自己決定と個性化と体験のすべてが十分に実行され、時間数も最も多くなる。カリキュラムも学級編成も時間割も、それによって規定される。クラスはメインの活動やテーマによって編成され、子どもが選んで所属する。必然的に縦割り学級になる。

基礎学習は、体験の原則の外にくっついていて自己

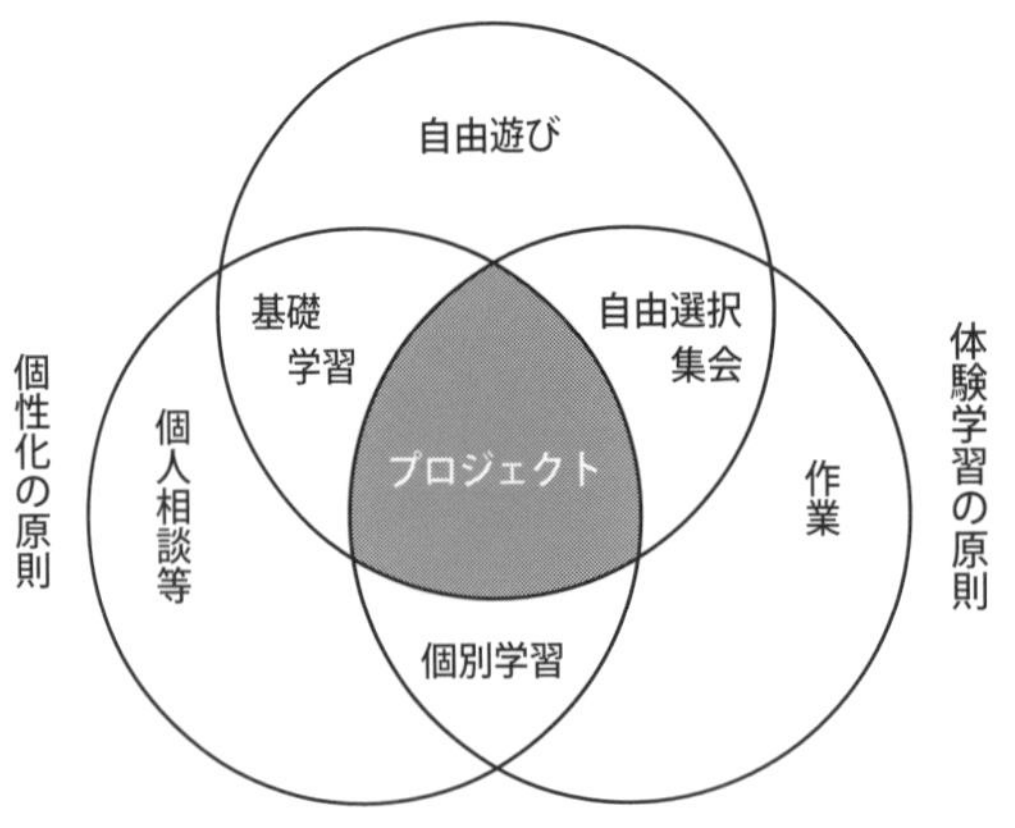

子どもの村の学習形態

決定と個性重視の原則が満たされる。抽象的な学習もあるが、原則としてプロジェクトと密接に結び付いている。だから国語や算数という教科名ではなく、「ことば」と「かず」と呼ばれる。
自由選択とミーティングは、グループ活動や学校共同体にかんする学習と活動である。個別学習では、大人がより積極的に助言や個人指導をおこなう。

体験学習では何より頭をつかう

総合的な体験学習が中心で、完全な異年齢学級の学園は、こうして誕生した。開校後も、その後に続いた各校でも、県当局からも文科省からもクレームは一切ない。
この学校の教師の仕事はラクではない。教科書も教師用指導書もない。つねにアイデアが求められる。日頃から感度のいいアンテナを張る、研究書や実践報告などを読む、下見に行く、活動や子どもの様子をチェックする、保護者にも理解してもらう、健康に気を配る等々。じっさい、「この学校では私は体がもたない」といって辞めた人もある。

プロジェクトを上手に遂行するための基本原則は次の通りだ。

① **発達の総合**　科目の合科や再編成ではなく感情、知性、社会性の発達を総合的に促す。
② **衣食住から出発**　すべての科学と技術と理論は「より長く、より幸福に生きたい」という人類の願いに起源を持つ。

③ **手や体をつかう**　人類の知識は、さまざまな問題を解決する行動の結果として生み出されたものだ。

④ **ホンモノの仕事**　それ自体の必要性および有用性が、子どもに生き生きと実感される。

⑤ **知的探求**　子どもの自発的に取り組む活動で、しかもホンモノの仕事となるには、知的実験や創造的問題解決でなくてはならない。

⑥ **知識の活用**　既成の知識や技術は、目的遂行や問題解決のための大事な道具である。

⑦ **知識の創造**　知識や技術や道徳の伝達ではなく、子どもたち自身の創造を援助する。

どの子も、プロジェクトは楽しいという。しかしラクな活動だからではない。力を合わせ、頭も体もフルに使って打ち込む大仕事だからこそ、大きな達成感と成長の実感が生まれるのだ。

9　新しい学校の教師

白鳥蘆花に入る

下村湖人の『次郎物語』の中のことばである。真っ白なアシの野原に一羽の白鳥が舞い降りる。白鳥の姿はやがて目立たなくなる。しかし白鳥の降りた付近のアシが波打っている。

このひとことで作者は、よい学校のよい教師の姿を語っている。よい学校では、子どもが自発的に動いている。教師は目立たない。よく見ないと姿が見えない。声もほとんど聞こえない。

きのくにでは、見学客や取材の人からよく「先生はどこ？」とか「見分けがつかない」とかいわれる。たしかに「オレは教師だ。ついて来い」と叫ぶタイプの教師はいない。たとえいても長くは続かない。

活動が子どもを誘う

教師が大声で子どもを動かさなくても、子どもがみずから動く。日本保育学会の初代会長の倉橋惣三は、こういう保育を「誘導保育」と名付けた。誘導尋問のように上手にだまして何かをさせるのとは違う。

誘導保育とは、教師によって準備された活動や環境が子どもの心をとらえ、子どもを夢中にさせる保育である。大切なのは教師の権威ではない。巧妙な話術でもない。もちろん賞や罰などの外的な力ではない。誘導保育は、別のことばでいえば間接的指導である。デューイは次のようにいっている。

「子どもを指導するのは教師ではない。活動そのものだ。」

子どもを無理に引っぱってはいけない。大声を出すのは下手な教師だ。それはわかっていても、子どもが動いてくれない。そういう時に教師がはまりやすい落とし穴がある。子どもの機嫌をとることだ。

かつてイギリスのある自由学校で、小さい子に人気のある男性教師がいた。しかし彼の人気の秘密はアメとビスケットだった。彼の部屋へ行くとご馳走が出るのだ。しかし怒鳴る教師と同様、甘い教師も子どもから内心ではバカにされている。この教師もまもなく自己嫌悪におちいって学校を去っていった。

外的権威にたよる教師

サマーヒルのニイルは、教員の採用の際にこう尋ねたそうだ。

「君は子どもからバカと呼ばれたらどう感じるかね。」

生意気な口をきく子にムカッとしていては、サマーヒルの教師はつとまらない。子どもの機嫌をとる人も、権威に頼る者も、どちらも自由学校ではダメ教師だ。

権威とは何か。辞書には「人を従わせる力」とある。問題は何によって従わせるかだ。教師という地位によって子どもを動かそうとするか。それとも子どもの心を引きつける活動によって子どもが動くのか。

前者は、教師その人の外によりどころを置く。エーリッヒ・フロムのいう「外的権威」だ。このタイプの権威者は、権威の保持のためにさまざまな形式や儀式を編み出す。身なりをととのえ、「先生」と呼ばれ、先生ことばをつかい、試験で脅し、声を荒げ、厳粛な儀式を大事にする。それほど強くなれない者は、アメとビスケットで子どもの機嫌をとる。真面目で熱心であっても、どちらも子どもからは好かれない不幸な教師だ。

幸福な教師はよく笑う

「最もよい教師は子どもと共に笑う。最もよくない教師は子どもを笑う。」

ニイルのことばである。外的権威に頼らない教師は、子どもと活動を共にし、自分の知識と経験と工夫が、子どもの成長に一役買うという大きな喜びを味わう。子どもが笑う。大人も笑う。これがよい学校のしるしだ。

子どもと共に笑う教師は子どもが大好きだ。しかし子ども好きにも二種類ある。権威主義の子ども好きは、ペットを可愛がるように子どもに接する。自己中心的だ。子どもと共に笑う子ども好きは、謙虚に子どもと共に歩む。そして子どもと共に成長する自分が好きだ。

子どもと共に成長する教師は固定観念や固い理想にとらわれない。学校や教育にまつわる数々の常識からも自由だ。心がやわらかい。と同時に自分の内面についても気付いていて、しかもその自分を肯定している。つまり心理的に解放されている。

教師に自由とゆとりを

子どもと共に成長する教師は、技術を磨かなくてはならない。実践を振り返ったり、本を読んだり、研修に出たりしなくてはいけない。それにはどうしても時間のゆとりが必要だ。魅力的な活動の準備とそのための研究には、時間とある程度の経済的裏付けが必要である。

近年は何かにつけて学校教師への風当たりがきつい。保守派の学者やにわか教育評論家が、現場の実績も知らずに教師を無能呼ばわりする。教員の評価だの、教員免許の更新だのとやかましい。しかしこういう管理強化策は、学校からますます笑いを失わせるだけだ。学校を活性化するには、教師に、何をどのように教えるかの自由、そして時間とお金のゆとりを認めるのが一番なのだ。

ところで、学園へみえる見学者がよく「子どもが元気だが、先生も生き生きしている」という。「どのようにして集めたのですか」と尋ねる人も少なくない。私の答えはこうだ。

「子どもと大人が共に笑う学校には、集めなくても素敵な先生が自然に集まるのです。」

成長している子はよく笑う。
よく笑う子は成長している

ホンモノの活動が子どもを本気にさせる

おもちゃ博物館を建てる

10　自由学校の広がり　―かつやま子どもの村―

キルクハニティ・ハウス・スクールの危機

一九九六年秋のある月曜日。キルクハニティの臨時全校ミーティングは、重苦しい空気に包まれていた。スコットランド文科省からきびしい内容の通達が届いたのだ。

施設が老朽化して貧弱かつ危険である。改修を要する。教育内容が不十分である。通常の授業を拡充すべし。

校舎や寮の修理は、いかにむずかしくても不可能ではない。しかし教育方法は別だ。視学官は「基礎学習が不十分。ユースフルワークは授業時数に入れるな。校外活

キルクハニティを守り続けてくれているアンドルーと子どもの村の子どもたち（アンドルーはキルクハニティの卒業生で，元私立学校の校長）

動を減らせ」と勧告してきた。改善策を出さないと学校の認可を取消すという。

校長のジョンは悩んだ末、苦渋の決断をくだした。学校を閉鎖したのだ。私たちが最後に会った時のことば。

「少しくらい妥協してはどうかと勧める教員や保護者もあった。しかしそれでは学校が変わってしまう。……私がもう少し若かったら、まだまだたたかうつもりなんだけど。」（一九九七年、十月十八日、最後の創立記念日）

この時、ジョン校長は八七歳。翌年の七月に亡くなった。

時は移って二〇〇六年の二月。場所も同じキルクハニティ。私は学校の再開に向けて文科省の役人と折衝していた。やって来たのは、なんと十年前と同じ視学官だ。五〇歳くらいの温厚かつ生真面目そうな男性である。少し緊張して話が始まったのだが、彼の最初のことばを聞いて、わが耳を疑った。

「私見ですが、あなた方の教育方針はとてもいいと思います。スコットランドの学校にもこういうやり方を取り入れたいものです。」

彼は、通年の子どもを受け入れて正式に開校するまでは仮認可ということで認めるという。施設の改修に満足しただけではなく、教育理念についても理解してくれたわけだ。

そのうちスコットランドの公立小学校から見学に来るようになって、いくつかの学校で「プロジェクト」の時間が登場するかもしれない。

ジョン・エッケンヘッド
(1910 — 1998)

日本初、自前の校地・校舎を持たない私立学校

お隣の韓国は日本以上に受験中心教育の国である。その韓国では、新しい学校がどんどんできている。そして、きのくにはかなり知られているという。何度もテレビや新聞で報道されている。見学や交流に来てくれる人も多い。私の二冊の本はだいぶ前に韓国語に翻訳されている。何度か講演にも招かれた。

これまでにお客様のみえた国は二〇か国に近い。得意になってはいけないが、いろいろな国のさまざまな学校と手を取り合い、こんな学校もある、こんな教育も可能だということを広く発信し続けたい。

京都でリヒテルズ直子さんの講演を聞いた。オランダでは学校づくりの自由が認められ、オルタナティヴ・スクールが全体の十二%を占めているという。モンテッソーリ法やドールトンプラン、イエナプランなどの学校だ。しかも公立なみの補助金が支給される。映像も使ってのいい話であった。しかし講演者は何度も「しかし日本では」というし、参加者はオランダ礼賛ばかり。「オランダはいい。日本はあかん」という空気なのだ。その時、私は参加者にたずねた。

「十年も前の日本でこんな小学校が認可されたのをご存知ですか。一学年の定員八名、土地建物は自治体からの無償貸与、時間割の半分が体験学習、補助金もほかの私立学校と同じ基準で支給される……。」一九九八年にスタートしたかつやまの小学校のことだ。知っていたのは、「わくわく子ども学校」の辻征矩さんくらいだ。

かつやま子どもの村は、一九九八年四月に本書の著者（堀）の郷里である福井県勝山市北谷町の

河合《こうごう》地区に誕生し、三年後の二〇〇一年に中学校がそれに続いた。

勝山市は県の東部の奥越地方にある人口三万に満たない小さな市である。近年人口流出が続き、とくに山村部では過疎化が急速に進んでいた。かつては四つの地区に分校を有し、児童生徒数は全部合わせると五〇〇人は下らなかった。しかし分校は次々と閉鎖され、本校の小学生も一九九六年三月にとうとうゼロになってしまった。市当局および教育委員会の皆さんは、まだまだ使える学校施設の有効活用に知恵をしぼっておられた。

この時とくに熱心に検討を繰り返しておられたのは、教育長の仲村先生、著者の小中学校の同級生で市議会議員の松井君、そして地元選出の斎藤議員さんで、なんとかして学校として残せないかと思案されたようだ。そして注目されたのが我が子どもの村学園だ。さっそく市長さんと市議会の同意を得て子どもの村勝山校の誘致計画がまとまった。その内容は次の通り。

①　施設（校地と校舎）と設備のすべてを無償で貸与する。

②　学校の運営方法は全面的に学園に任せる。

③　校地のうちグラウンドの大部分は隣家からの借地であるが、その使用料は市が負担する。

④　当面は校舎の二階部分を寮に転用し、新しい寮を建設する場合は学園が負担する。

このプランで実行するとベッドの購入や浴室の整備など全部で一〇〇〇万円足らずで新しい学校が誕生することになる。たいていの場合は新しく私立学校を開校するとなると施設の準備だけで何億ものお金がかかる。二桁の億が必要、という人もある。だから、こんなにいい話はない。なにしろ本拠地の和歌山では六〇人余りの子が入れなくて待機しているのだ。しかし、とても大きな問題が二つあった。

一つは、そもそも私立学校の施設は自己所有でないといけない、借り物ではダメ、という鉄の掟《おきて》だ。私の大学での同級生のO君を通じて文部科学省の意向を尋ねたところ、そんな前例は全くない、無理、という回答だ。O氏がこっそり耳打ちしてくれた。

「地元の自治体の熱意はどうかな……。」

地元の熱意を示すために今井市長さんが上京された。山間部の過疎化対策としても有効、という意味のことも力説されたようだ。

もう一つの大問題は、かつてのあの問題、つまり補助金の返済である。公立学校の施設として六〇年間使うという条件でもらった助成金なのに、たった二〇年で子どもがいなくなった。校舎などを市の教育施設に転用するなら問題はない。それがだめなら放置して崩れるにまかせても何もいわれない。しかし売り払ったり民間に使わせたりすると、補助金の「目的外使用」ということになり、残

かつやまでは時々大雪が降る。高さが5メートルもある雪の山で遊ぶ小学生たち

りの年月相当分を返さなくてはならない。金額は六〇〇〇万円近くになる。

うれしいことに、二つの大問題はほどなく解決された。解決というより「凍結」といったほうがいいかもしれない。施設の自己所有の問題は、勝山市が無償で貸すという条件で黙認された。補助金の返済は、市から「返済猶予」の要望書を提出することになった。公私にわたる二重三重に柔軟な発想によって、世にもまれな廃校施設活用の私立学校はこうして誕生した。

オランダでは私立学校をつくるのに最低二〇〇人の子どもが必要だ。子どもが減るときびしく審査される。日本ではそんなことはない。今では、きのくにも、そしてかつやまも特別な例外ではなくなった。

いくつかの新しい学校が続いた。グリーン・ヒルズ（長野）、どんぐり向方《むなかた》学園（長野）、ひらおだい四季の丘（北九州、現北九州子どもの村）などが生まれ、さらに、りら創造芸術高等専修学校（和歌山）と東京シューレ葛飾中学校が続いた。いずれも自治体から旧学校施設を借りての設立だ。かつやまは、自前の施設なしで認可された私立学校の第一号で、この種の学校づくりがこれで可能になった。文部科学省からは「なにしろモデルケースですから、絶対に失敗しないでください。文科省でもこういう学校設立は初めてなので、今後もいろいろと教えてください」と激励された。

子どもの村の子は機嫌がいい

11　転出した子どもたち

人は来たり、人は去る。
人は去り、人は来たる。
学校とは、かくなる所ぞ。

ある年度末（七月）、キルクハニティの全校集会でのジョン校長のことばである。だれかの詩の一節かもしれない。小さな貧しい学校で信念をつらぬき通したジョンには珍しい、淡々とした口調であった。その表情には、おだやかなほほ笑みが浮かんでいた。とてもいい顔であった。きっと彼は「この学校へきてくれてありがとう」という気持ちを込めて、いったに違いない。自分の理想

ジョン・エッケンヘッド夫妻
（1991 年）

にしたがって学校をつくり、そこへ各地から人が来てくれる。ほんとにありがたいことなのだ。

満足して去るか　不満だから去るか

この時、私はもう一つのことを学んだ。それは、学校の力は絶対ではないということだ。彫刻家が像を刻むのとは違うのだ。教師は思い通りに子どもを型にはめることはできない。気に入ったからといって、何時までも手元に置くこともできない。むしろ子どもとその親が学校を選ぶのだ。そしてどんなに学校に満足しても、時期が来れば巣立っていく。選んでくれた人がやってきて、十分に利用して、さらに旅立って行く。それが学校なのだ。子どもの人格形成と、その後の人生を左右しよう、などと思い上がってはいけない。

そうはいっても「時期」が来る前や、年度の途中で子どもが去るのは、やはり気持ちのいいものではない。多い年には年度の途中が三名、年度末が四名ということもあった。開校一年目に次ぐ数である。開校の年には人事をめぐるトラブルがあって一〇人余りの子が去って行った。それ以後は、だいたい年に三名以内である。転出の理由はいくつかある。

①　経済的な理由

これはわかりやすい。子どもも納得できるし、学校の方でも奨学資金などで対応が可能だ。

②　教育観の違い

これも正直な理由だといえる。〇〇〇を習いたい。外国の学校へ行きたい。受験勉強をさせたいなど。「残念だけど仕方がないか」と私たちも思う。

③　家庭の事情

これにはいろいろある。まず引っ越し。残念だがやむをえない。次は両親の不和、または夫婦関係の破綻。これは厄介だ。しばしば学校にも、そして子どもにも隠される。そしてまったく別の理由や学校への不満がついてくる。

④　学校への不満

「いじめられるから」という理由もあった。確かに人間関係が上手ではない子はある。しかし強い子も弱い子も、時間をかけて付き合い方を学んでいく。あせらないで欲しい。中にはワンマンもいいところなのに、家に帰ると「いじめられる。暗黒の世界だ」と訴えた子もある。そのほかに「十分に世話をしてくれない」「自然食を始めてくれない」「教師が頼りない」といった理由もある。意外に思われるだろうが、「学力がつかないから」というのはとても少ない。たいていは「多少の不安はあっても、子どもが元気だから」と見ていてくださる。

⑤　その他

学校との感情的な行き違い、ホームシック、病気、発達上の問題などがある。理由がわからないこともある。

子どもが学校をやめる理由は一つとは限らない。そしてしばしば表向きの理由の下に本当の理由がかくされている。あとで経済的な理由や、両親の問題だったとわかるのだ。

もちろん一人として喜んでやめていった子はいない。ほとんどが心の痛む去り方である。そういう子が便りをくれたり、行事の時に来てくれたりすると本当に嬉しい。

教育の目的は人格の総合的な発達

「学力が低い」といって親にやめさせられた子もないわけではない。ある男の子などは三年生なのに五年生用の問題でもいくつかを解けるくらいの力があったのだが……。この子の保護者は「学校の指導が不十分だからとお考えですか」という問いに、とうとう答えなかった。

ある年の入学を祝う会で披露したのだが、文章題ばかりの「かず」の問題でくらべると、きのくにの子の成績は、公立の子に劣っていない。少しよいくらいだ。かつやまの子の成績などは、公立の子よりずっとよい。時間数が少なく、宿題なし、試験なしでもこういう結果なのである。

私たちの教育目的は、教科書中心の学力ではない。子どもみずからが、広い意味の学習を通じて人格を形成するのを援助することだ。学力とは、学習の結果として得られた力である。私たちのめざす学力の中身は、感情面の解放、たしかな自己意識と自己肯定感、創造的な思考の態度、情報収集力、自己主張、共に生きる喜びなどである。そしてどの子もこういう学力を確かに身に付けていく。

基礎学習は楽しい。思わず笑えてくる

12　ミーティングと教師　―その1―

がけすべり禁止？

「では、崖はすべってはいけない、と決めていいですか。」

議長が確認する。一斉に「はーい」と声があがる。

議長「じゃ、みなさん、これからは、あの崖ではすべらないでください。」

再び「はーい」という声が響く。「あの崖」とは、十周年広場の西側の急斜面だ。傾斜が四〇度以上もある。だれかがすべった跡がある。危ないからやめようという。子どもからの発議だ。

私がそろそろと手をあげる。

議長「はい、堀さん。」

学園長でも「さん付け」だ。先生と呼ばれる大人はいない。

堀「あの崖をすべりたいという人は、いないのかなぁ。」

議長「すべりたい人はいますか。」

何人もの子が「はーい」と応じる。女の子も混じっている。

議長「では、あの崖をすべりたい人は手をあげてください。」

半分以上の子が手をあげる。小学校の男の子は大部分だ。

堀「こんなにたくさんいるのか。何かいい方法があるといいね。」

議長「いい考えのある人はいませんか。」

ポツポツと手があがる。話し合いのやり直しだ。

二〇〇七年度の最初の全校集会のひとこまである。

長いすべり台を作ろう

あれこれ意見が出て、けっきょく、すべり台を作るといい、ということになる。

小学生「滑り台を作るのはお金がかかるんですか。」

堀「昔、堀さんが専門の会社に計算してもらったことがあるんだけど、三四〇〇万円っていわれた。」

「あーあ！」というため息がひびきわたる。すると、だれかが「工務店にたのんではどうか」と提案する。

もちろん子どもの村の工務店クラスのことだ。

すべり台づくりの途中でミーティング。
自由学校ではとにかく話し合いが多い

議長「工務店では、あの崖にすべり台を作れますか。」
工務店の子「作れるかどうか。作りたいかどうか。クラスでミーティングしないと何ともいえません。」
一週間後、工務店から「二学期に作ります」という回答がくる。みんなで盛大に拍手して、この件はめでたく落着。どんなすべり台になるのだろう。かなりの難工事が予想される。

話し合いには練習が必要

ミーティングには子ども間のトラブルの処理という役目もある。しかし、意地悪された。悪口いわれた。物をこわされた。盗られた。通学の電車でさわいだ。……といった案件が続くと「あーあ、またミーティングか」という気分になる。雰囲気が暗い。

暗い議題が続くと、安全で無難な結論に走りがちになる。今回の崖すべりがいい見本だ。崖すべりを禁止すれば危険は避けられる。大人も安心できる。しかし禁止するだけではつまらない。自由学校のミーティングとしては情けない。大人の考えを子どもが先取りするような話し合いは、もっとつまらない。ミーティングをする楽しみがない。

ミーティングのもっとも大事なねらいは、子どもの失敗や問題行動の後始末ではない。自分たちの生活を自分たちで「より楽しく、より自由にする喜び」を味わい、そのための力をつけるのが大切だ。崖すべりは危険だからやめようというのでは、たとえ子どもが納得しても、たいしたミーティングとはいえない。こういう時、子どもたちの目がより積極的な方向へ向くように、控え目にうまく介入するのは、自由学校の大人の大切なつとめである。

きのくにが開校した時は、全員が転入生だった。話し合いで決めるという経験がほとんどない。人の話を聞いて意見をまとめる練習をしていない。全校集会が自分たちにとって有意義だという実感もない。だからものすごく騒がしかった。もちろん議長も慣れていない。意見が二つ出ると、すぐに多数決に走る。今の全校集会とは月とスッポンである。

大人も慣れていなかった。

◇　子どもの話に口を出すまいとして、ひとことも発言しない。
◇　大声で発言する。
◇　途中で「あとは大人で決めるから」と話し合いを打ち切る。
◇　ミーティング中に船をこぐ。
◇　隣の子どもに話しかけられると応じてしまう。（話しかけてきたときは、その子の目を見て、小さくニコッとするのが効果的。）
◇　発言が長い。脈絡がはっきりしない。声が小さい等々。

ミーティング上手とは

私は、大人たちにいくつかの注文をつけた。まず三大原則。

①　真剣に話し合いに参加する。

真剣さを態度（発言、まなざし、相づちなど）で表す。

②　議論が錯綜したら、交通整理をする発言をする。

③　発言は短く、長くても一分以内で。一つの文は、活字にして七〇文字以内。「そして」「しかし」「なぜなら」などで短い文をつなぐ。

つづいて小原則。

◇　落ち着かない子は抱っこする。

◇　意見が対立して膠着状態になったら、さりげなく第三の道がないか気づかせる。

◇　目立たぬように後方にすわる。議長の真ん前はダメ。

◇　票決では、少し遅れ気味にそっと手をあげる。真っ先に挙手したりしない。

◇　ユーモアが大事。時にはボケ発言をして盛り上げよう。ニイルはこれが得意だったらしい。

子どもの村でもサマーヒルでも，子どもも大人も同じ１票。
「週１回の全校集会は，その週の全部の授業と同じか，それ以上の価値がある。」（ニイル）

13 ミーティングと教師 ―その2―

たいへんだ　メシが来ない

ある年の十二月のある日、水曜日、朝九時。かつやま子どもの村の寮の食堂に子どもと大人が集まってくる。臨時の全校集会である。朝一番のミーティングは開校以来はじめてだ。どの子も「いったい何や？」という顔をしている。議長の周平君（中一）が開会を宣言する。

「大人の人、今日は何が議題ですか。」

まっちゃん（松岡さん）が手を挙げる。

「緊急ミーティングです。心当たりのある人は、今のうちに正直に名乗り出た方がいいよ。」

だれも手を挙げない。心当たりのある者もいるはずだが、もちろん手を挙げたりしない。

まっちゃんが続ける。

「実はたいへん困ったことが起った。田中屋さんの都合で、あさってとしあさっての二日間、食事がこない。」

子どもたちの反応は一様ではない。よかった、だれかが悪いことをしたわけじゃない。だけど、食事が来ないのは大問題だ！

まず考えるのはコンビニだ。おにぎりか何かを買えばいい。

「自分たちでつくる」という意見も出る。つくりたい子も少なくない。でも授業が……。好きなプロジェクトがつぶれる。コンビニのおにぎりだと五〇〇個くらい必要だ。つくる方が安い。小学校と中学校で手分けをしたら……。そこで私がひとこと。

「特別のごちそうとか……。」

たのしい議題　いやな議題

およそ二五分後に結論が出た。

①　三回分のうち二回は小学校と中学校の子が一回ずつつくる。

②　夕食の一回は、有志（一〇人ほど）がつくる。

一件落着。子どもたちは教室にもどって行く。有志の子の二、三人が「何をつくろうか。」「スペシャル・パーティだ。」「特別のごちそうだ」などと、もう相談を始めている。

後日の子どものことば。

「またやりたい。週一回とか。」

「今度は鍋料理がいい。」

「けど、田中屋さんは毎日大変なんだね。」

この日の話し合いには、子どもの村のミーティングの様子がよく表れている。

第一に、当たり前のことだが、楽しい議題の話し合いは盛り上がる。「だれかが問題を起こしたのでは」と予想したのに、そうではなかった。食事が来ないのはえらいことだが、自分たちでつくれるのだから、かえっておもしろい。特別のごちそうができるかも……。たくさんの子が夕食づくりを申し出て、集会はいい気分で終わった。いやなことはあっさり、楽しいことはたっぷり時間をかけて、というのが子どもの村のミーティングの大原則の一つである。

子どもたちが「楽しい」と感じるためには、議題が「大きなこと」であり、ホンモノであるのがよい。遠足、サッカー大会、クリスマス会など、自主的な催しの計画は盛り上がりやすい。

大人の役割で大事なのはユーモア。まっちゃんの最初の発言は抜群の出来である。これで子どもたちの気持ちがやわらぐ。気楽な雰囲気ができる。サマーヒルのニイルもそうだったが、私たちは時々ひねった言い方をしたり、子どもを挑発したり、わざとへんなことをいって、子どもたちの眠気を覚ましたりする。

大人が気をつけるといいことはほかにもある。（六七頁「ミーティング上手とは」を参照。）

子どもが決めるだけでは不十分

子どもの話し合いを大切にする教師が陥りやすい間違いが一つある。それは「子どもが決めたので」とか「ミーティングで決まったから」といって、不適切な決定の言い訳をすることだ。いうまでもなく、子どもがミーティングで決めたからといって、妥当な結論とはかぎらない。子どもが決めるだけでなく、結論や決定が妥当であることが望ましい。

もちろん子どもたちの結論や決定がつねに妥当である必要はない。妥当でないとわかれば、いさぎよくそれを認めて、また考え直す態度が育てばそれでよい。大事なのは、子どもたちが自分自身で考えて、適切な決定をする、そしてその決定を絶対的とはみないで、柔軟に修正したり、改廃したりする能力と態度である。そのために教師は間接的で周到な指導をいつも念頭におかなくてはいけない。

	不適切な結論	適切な結論
大人主導	A	B
子ども主導	C	D

A　大人が決めて結論が不適切。論外。

B　大人が決め妥当な結論。普通の学校。

C　子どもが決め不適切な結論。有効。

D　子どもが決め結論が妥当。理想。

望ましい順序は　D　>　C　>　B

寮でもミーティングは多い。大きい子に抱っこしてもらっている子もある

きのくにの全校ミーティング
議長はミーティング委員会の委員が交代で務める

かつやまの全校ミーティング（小中学生）
今日の議長は小学6年生

14　自由学校の食事　――栄養士は絶句！――

ある公立小学校のＰＴＡの会合での教頭先生のお話。

「最近のお子さんには好ききらいが目立ちます。給食で……キュウリの酢の物など、九割以上も残るんです。」

役員の一人がおそるおそる発言した。

「でも先生、子どものほとんど食べないようなものは、出さないでやっていただけませんか。」

「……。」

子どもの村の保護者の中にも食事問題に特別に熱心な人があった。

「自然食品を出してほしい。食品添加物はうちの子には絶対にダメ。手づくりの味噌をつかってください。砂糖は毒です……。」

やがて、この人の女の子は転校して行った。彼女の最後のひとことには胸が痛む。

「私の夢は、一度でいいからチョコレートを食べてみること……。」

黙りこくって食べてはいけない

「どうだい、きのくにのおひるごはんは。」
「おいしい。」
「前の学校とくらべてどう?」
「のこしたらあかん。早よう食べなあかん。しゃべったらあかん。」
「そりゃしんどいな。」
「きのくにとは正反対や。」

別の学校から転入してきたばかりの男の子との会話である。転入してきた子のほとんどが、「きのくにの食事はおいしい」とか「楽しい」とかいう。

人は生きるために食う。食うために生きるのではない。

よくいわれている古代哲学者の名言だ。しかしそうはいっても、やはり食べるのは人生の楽しみのひとつである。

学校の食事は、飢えを満たすだけが目的ではない。きのくにでは、好きな友だちと、好きなテーブルで、ゆっくり時間をかけて、おしゃべりを楽しみながら食べる。昔から「同じ釜のメシを食う」というが、食事は人間的な触れ合いの時間なのだ。

きのくにの食事は、どこかの有名私立小学校のように豪勢ではないし、品数も多いとはいえない。

しかし子ども同士や子どもと大人の楽しい触れ合いの場になっている。黙々と食べるのは、きのくにではマナー違反なのだ。それに食べる回数にしても、どこにも負けていない。朝食、ティータイム、昼食、おやつ、夕飯、そして週に何回かの夜食と、なんと一日に六回もあるのだから。

食事メニュー例

日（曜）	メ　ニ　ュ　ー
8（火）	焼き魚，白身魚フライ，ツナとコーンのサラダ，みそ汁，牛乳
9（水）	ビーフカレー，ゆで玉子，福神漬け，ヨーグルト，牛乳
10（木）	かつ丼，白和え，たくあん，みそ汁，牛乳
11（金）	スパゲティ，煮物（さつまいも，くり，カボチャ），イカリング，みそ汁，牛乳
15（火）	焼き魚，牛肉コロッケ，納豆，みそ汁，牛乳
16（水）	はるまき，煮びたし，みそ汁，ヨーグルト，牛乳
17（木）	軟骨つくね，煮物（ダイコン，ごぼう天，ひろうす），中華スープ，牛乳
18（金）	納豆，フレンチポテト，白合え，ワンタンスープ，牛乳
21（月）	サバの味噌煮，ごぼうの竜田揚げ，豆腐ハンバーグ，シーフードスープ，牛乳
22（火）	ささ身チーズフライ，煮物（さといも，ごぼう，豚肉），ヒジキ，みそ汁，牛乳
23（水）	串カツ，からあげ，煮豆，サラダ（ツナ，ブロッコリー，レタス），スープ，牛乳
24（木）	肉じゃが，白身魚フライ，マカロニサラダ，みそ汁，牛乳
25（金）	ハムエッグフライ，焼きそば，高菜おひたし，中華スープ，フルーツポンチ，牛乳

むかしも今も　カレーとうどんが一番人気

最近のおかずの中から、「おいしかったもの」や「また出してほしいもの」をリストアップして、〇をつけてもらったことがある。ごらんのとおり、カレーライスがいちばん人気がある。この期間はうどんが出なかったのだが、出ていれば、カレーとトップを争ったと思われる。この数年間は、ほとんど同じ傾向が続いている。からあげ、肉じゃが、サバの味噌煮も上位に顔を出す常連だ。サバの味噌煮は年齢とともに人気が上がるようだ。フライドポテト、焼きそば、大学芋などには、その逆の傾向がみられる。

いっぽう子どもたちからあまり好評でなかったのは、菜っ葉の煮物、煮豆、シーフードスープなどだ。高校生では一〇位以内に入る「白和え」は、小学校低学年では希望者はゼロである。

好きなおかずベストテン

小学生	中学生	高等専修学校生
1．カレーライス	1．カレーライス	1．サバの味噌煮
2．肉じゃが	2．肉じゃが	2．カレーライス
3．からあげ	だいがくいも	3．からあげ
4．だいがくいも	4．からあげ	4．肉じゃが
5．おでん	5．チキンナゲット	5．サラダ（ツナ，レタス）
チキンナゲット	6．マーボどうふ	牛肉コロッケ
7．フライドポテト	7．フライドポテト	7．フライドポテト
8．マーボどうふ	8．おでん	納豆
焼きそば	かつ丼	9．かつ丼
10．たきこみごはん	10．サバの味噌煮	白和え

バイキングは法律違反？

時は最初の小学校が開校した年の秋。場所は、きのくに子どもの村の職員室。延々三時間近くつづいた保健所の二人の手強い栄養士さんと学園長のやりとりの顛末。


「一か月ごとの献立表を見せてください。」

「ありません。」

「食事指導はされてますか。」

「していません。」

「栄養価計算は？」

「したことがありません。」

「……。」


保健所の栄養士は学校をまわって、給食の指導をするのが仕事である。栄養価だけではなくて、正しい習慣形成につとめているかもチェックするのだとか。きのくにの方式は二人の栄養士さんを絶句させるものだったようだ。

献立は喜八さんに

学園ではあらかじめ、食事を引き受けてくれている喜八さん（上田福八さん）に基本方針を示したうえで、毎日の献立は任せてきた。何か気がつけば、そのつど連絡を入れる。公立校のように一か月もの献立を立てたりもしない。喜八さんは、その時々のおいしくて安い食材を選んでくれる。だから、まずくて高いものを買う必要もない。

栄養価計算も、学校給食法の数字は目標値で、全員が同じだけ食べよというのではない。しかも年齢や地域の事情を考えて柔軟に対応するように、との但し書きが付いている。どんなに立派な計算をしても、子どもが食べ残したら意味がない。じっさい、どの学校でも山ほど残飯が出ている。子どもの村では、好きなだけお代わりができる。栄養が足りなくなる心配もない。

喜八さんは、若くしてその腕を認められ、多くの弟子を育てて宮沢喜一首相から感謝状をもらったほ

雨の日も風の日も食事は届く。きのくにの喜八さんと奥さん

どの大物の調理師さんだ。橋本市内の城山台にあった支店をたたんで、学園の食事を引き受けてくださり、その後、三〇年近く、実のお母さんの葬儀の日でさえ、休まずに届けてくださった方である。

好ききらいは家庭で直して

栄養士さんが最後までこだわったのは、学園のバイキング方式だ。

「正しい食習慣がつかない。」

「好ききらいが直らない。」

「おしゃべりが多くなる。」

バイキング方式ではしつけにならないというわけだ。しかし食事は楽しい社交の場である。しつけが目的ではない。しかも好ききらいは学校の責任とはいえない。「食べるものがない」といって、毎日「醤油ごはん」を食べる子には「ひとくち食べてみたら」くらいのことはいうけれど、こういうのは簡単には治らない。

この時の二人の栄養士さんの頑張りはなかなかのものだったけれど、合意できないままにお引き取り願うしかなかった。私たちの決定打は、

「私たちは、この方式で県知事の認可を受けていますので……。」

水戸黄門様の印籠のような効き目がありましたね。

幸福な子はいろいろ食べる
―子どもの嗜好調査から見えてくるもの―

好きなものや、食べたいものの数の集計から、注目すべき事実が出てきた。好きな食べ物に○をつけてもらったのだが、○の数は、男の子も女の子も学年が進むにつれて少なくなる。低学年の子の方が、高学年の子よりも、食事を楽しみにしていて、しかもいろいろなものを喜んで食べるようだ。

○の数は、男の子よりも女の子の方が目立って多い。女の子の方がいろいろなものを喜んで食べるのにくらべて、男の子のほうが好ききらいが多いといえるだろう。

日頃の様子と好ききらい

○をつけてもらったおかずの数は、全部で三九である。そのうちの三八に○をつけた子もある。なんと、一つもつけていない子もある。小学校では、半分以上に○をつけた子は十六人で、そのうち女子が一〇人だ。○の数が四つ以下の子は、八人いて、そのうち男の子が七人もいる。

「好きな食べ物」が極端に少ない八人には、ある傾向が見られる。職員会議で「気になる子」とし

ある日の昼食メニュー
決まった時間が過ぎればお代わり自由

て取り上げられた子が多いのである。悪い子や問題児というのではない。こまかく配慮して指導する必要がある、という意味だ。

いっぽう、たくさん○をつけた十六人の中には、特別の配慮が必要な子は一人もいない。中学生にも同じことがいえる。

◇　子どもの性格、行動様式、思考のパターン

◇　食事についての好み、好ききらい、思い込みや不満

この二つに密接な関連があるのは間違いない。反感や誤解を承知でニイル風に結論すると……。

「好ききらいの多い子は不幸な子である。彼は内心でたたかっている。その結果として食事に文句をいう。」（大人も「同じ船に乗っている」かも。）

子どもの村では，沈黙の食事はマナー違反。転校してきたある女の子のことば。
「前の学校で給食の時に『おいしーい！』と言ったら先生に『しゃべってはいけません』って叱られたんだよ。」

15　自由学校の会計

自由な学校の経営の秘密　その1

二五年前のある天気のよい日のことだ。サマーヒル・スクールのイナ夫人が、とつぜん私に問いかけた。

「ところで、シンイチロウ。こういう学校を経営するための秘訣は何だと思う？」

返答に詰まっていると、彼女は静かにことばをつづけた。

「それはね、なんといっても給料を同じにすることだよ。……こんなに小さくて、給料が少なくて、特別な学校では、いろいろな大人がいても同じ待

イナ夫人，ゾーイ，ニイルの孫のウイリアム。夫人は 1945 年，A.S. ニイルと再婚。1973 年のニイルの没後約 10 年間，サマーヒルを守り，1984 年に娘のゾーイ（右）に経営を任せた

遇にするのが一番いいのさ。サマーヒルがこれまでやってこれたのも、このやり方のおかげなんだよ。」

その頃も今もそんなに違いはないが、サマーヒルには若い人も家族のある者もいたし、教師のほかに寮母さんや事務室の担当もいた。独身の人が多かったが、既婚者もいた。しかし職種や経験や年齢、それに免許などに関係なく、常勤の職員の給料は昔も今も同額である。ときおり臨時ボーナスが出たし、家族手当も少しは出るけれど、基本給はみな同じなのだ。

サマーヒルという学園には、収入が少なくても、みんなで共有した理念を実行しようという気運が、そこはかとなく感じられる。職場での対等で気持ちのよい人間関係は、給料が同額というシステムによっても支えられていたのだ。もちろん、能力も経験も得意分野も一人ひとり違っている。そのことをだれもが認めあった上での同一待遇である。資格や職歴や年齢を気にしたら、こういう学校はとてもむずかしいのだ、とイナ夫人は淡々と語った。

経営の秘密　その2

それからしばらくしてキルクハニティのジョンとこんな会話を交わした。

「ねえジョン。こういう学校を経営する上でいちばん大切なのは何ですか。」

こういう学校とは、自由で素敵だけど、小さくて貧しい学校という意味である。キルクハニティ

は、サマーヒルよりもっと小さくて貧乏だったのだ。ジョンの答え、

「それはね、シンイチロウ。ものと人を大切にすることだよ。」

その時、ジョンはガリ版刷りの学園誌を作っていた。ガリ版刷りとは、今では知らない人の方が多いが、薄くロウをひいた紙を細かいギザギザのある鉄板にのせ、細い鉄筆でひっかいて文字を書き、そこへインクをすりこんで文字を写し出す道具のことだ。

「この鉄筆はね、一九四八年に買ったものなんだ。」

これは、一九八一年のことだ。イギリス人はものを大事にするとは聞いていたけれど、これほどとは……。ジョンの記憶違いではないかと今でも思うくらいだ。じっさいキルクハニティの生活は徹底的に質素だった。（もっとも絵の具や粘土などの教材はけっこう豊富にあったし、乗馬用のウマも飼っていた。）給料はサマーヒルのそのまた半分くらいだったと思う。にもかかわらず、ジョンと夫人のモラグも、そして職員たちも、悠々と心ゆたかに過ごしていたのだ。

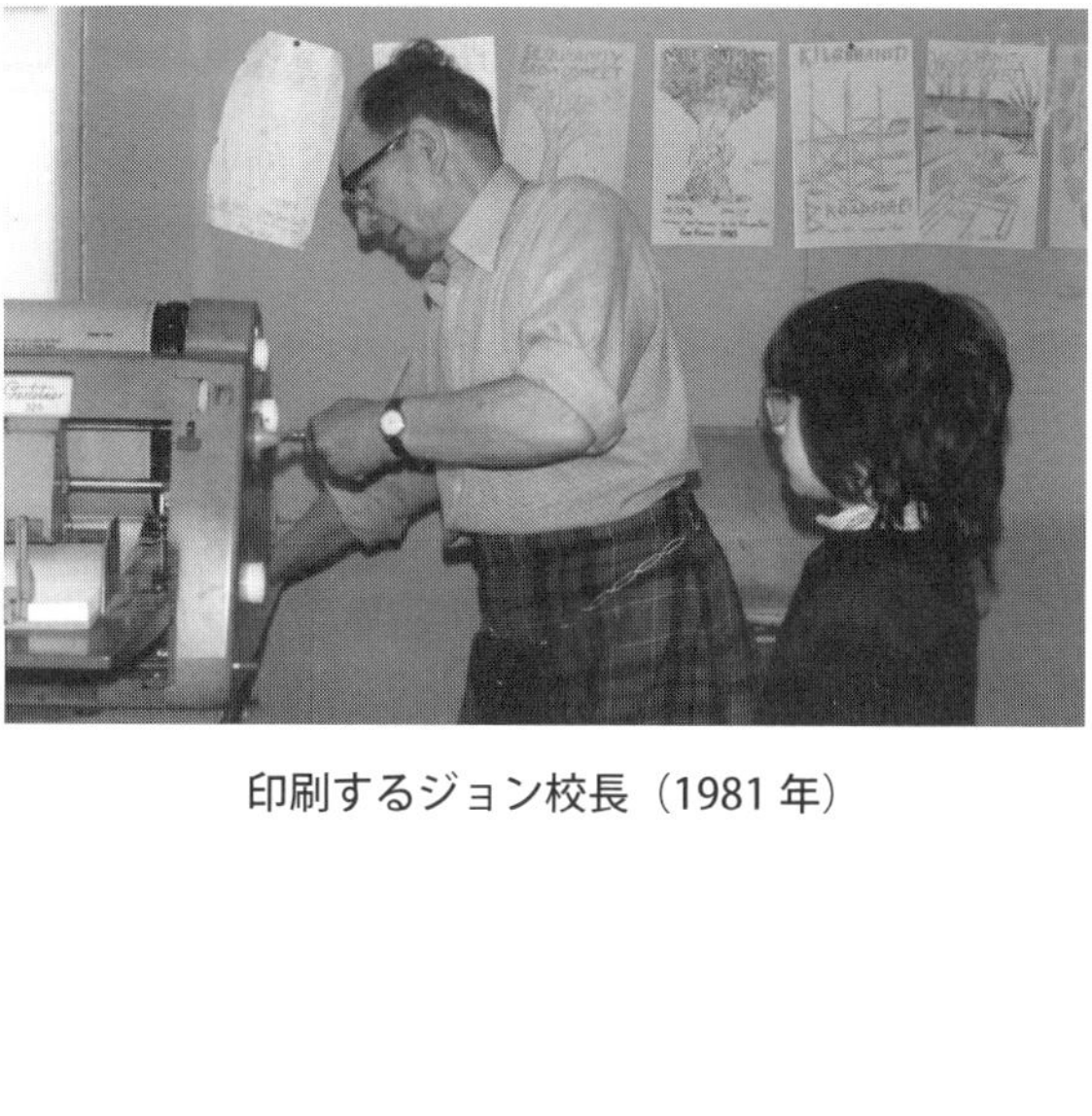

印刷するジョン校長（1981 年）

給料は十年ちかく据え置き

節約そして同額の給料。これが、私たちがサマーヒルとキルクハニティから学んだ二つの大事な原則である。

一九九二年四月、きのくにの小学校がスタートした時、職員室の備品はホワイトボードと印刷機のほかはすべてもらい物であった。印刷機は新品だがリース契約によるものだ。送迎用の二台のバスの値段は合わせて三〇万円ほど。その後もバスの新車は一台もない。そしてどれも大事に使っている。（学園長の初代パジェロは二三年ものあいだ走り続け、距離計は最後に九七万八〇〇〇キロを指していた。）村の家のアルミサッシも園舎を新築改装する広島県呉市の私立第一幼稚園からのもらいものだし、トイレなどの陶器類はすべて、業者の倉庫に眠っていたものを一つ一〇〇〇円で譲り受けたもの

ログハウスを修理する中学生。これは個人からの寄付で建築

だ。稼ぐより倹約。これがこういう学校の経営のコツである。

一方の給料同額制も立派に維持されている。もっとも家族手当は公立校よりもずっと多く出ている。また私以外の校長と副校長にはスズメの涙ほどの手当が出る。学園長手当は制度としてはあるけれど、いまだに支給されていない。

給料は多い方がいいに決まっている。しかしそれができない事情も多い。

◇保護者の負担をふやしたくない。私たちにとっていちばん心がいたむのは、経済的な事情で子どもが去る時だ。

◇少しでも余裕があれば日々の教育と設備の充実にあてたい。

◇給料をあげるには人を減らさないといけない。

そんなわけで、最初の十年間は学園の基本給は一円も上がらなかった。授業料はもっと長く上がっていない。

それはともかく、資格も経験も能力も男女の性も年齢も違っていても、給料が十分でなくても、それぞれが元気な子どもたちの成長に触れる喜びを感じて、それぞれにぼちぼちがんばっていこう。

そんな雰囲気の職場の人間関係は本当に素晴らしいと思う。

きのくに子どもの村学園の収支決算（2007 年）

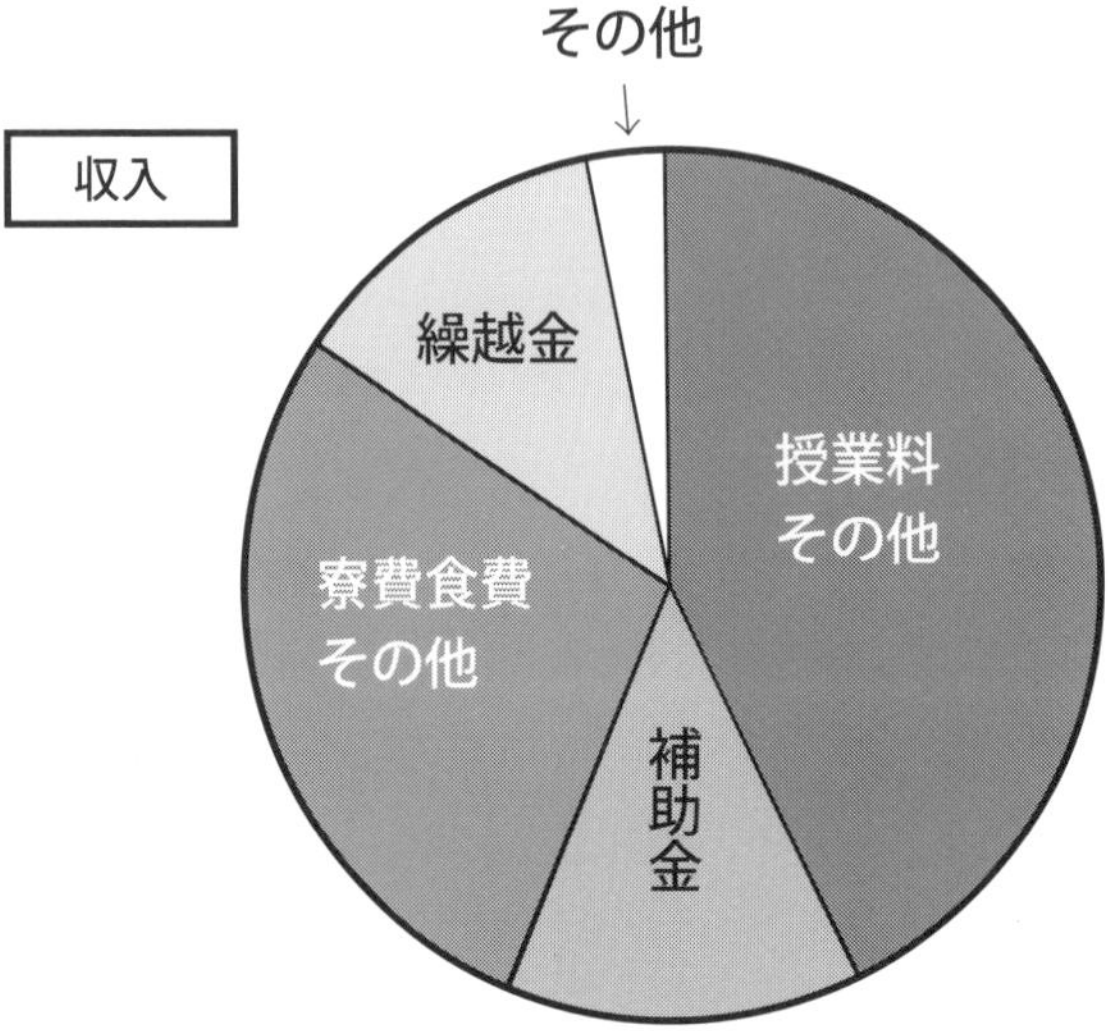

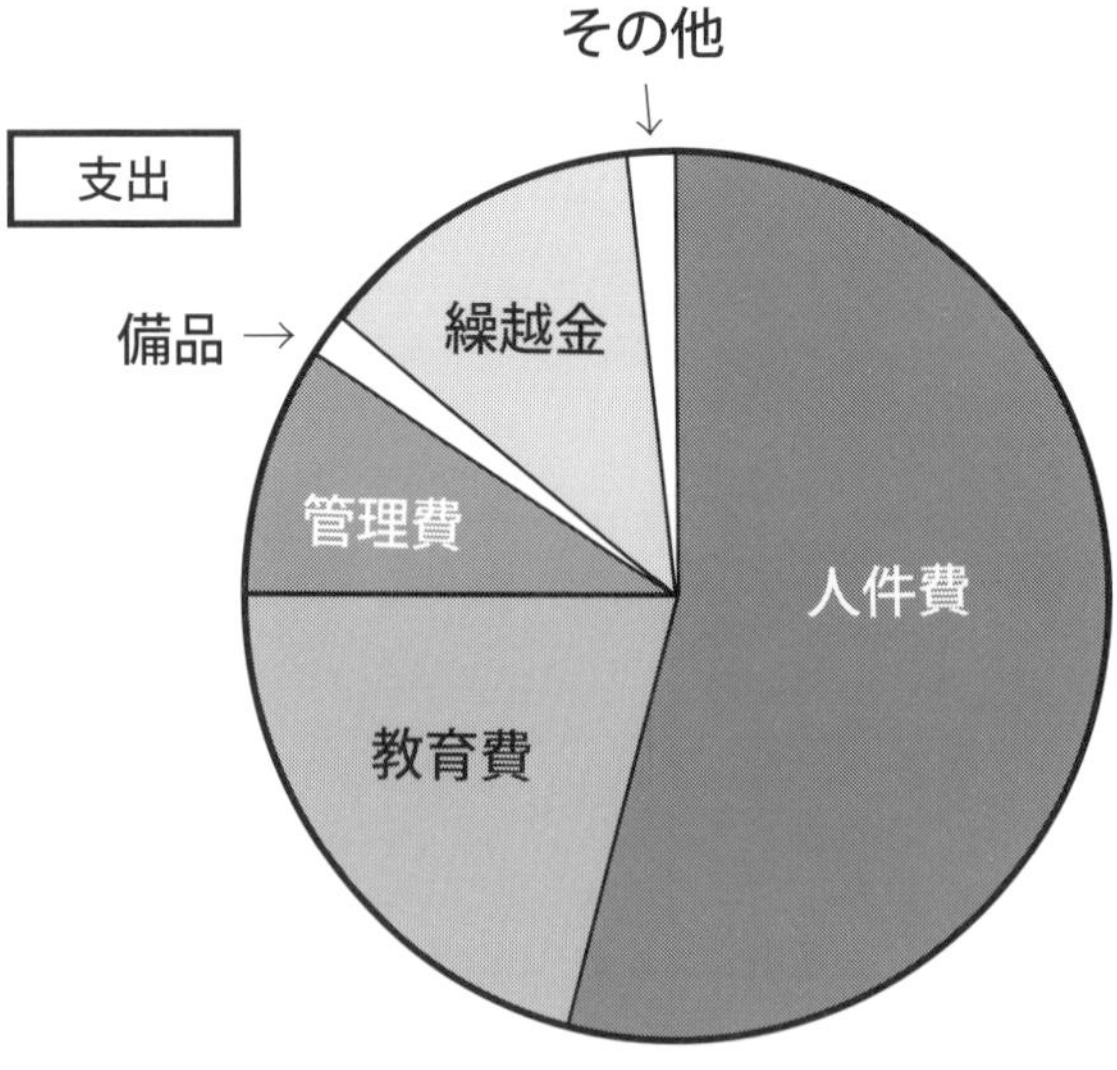

収入と支出の総額＝ 4 億 7700 万円

16　中学校開校の頃　―受験指導はしません―

子どもたちの注視を受けて体育館の建設が進む

嵐の中で準備開始

「堀先生、ほんとに大丈夫なんですか？」

「……？」

「普通はひとつの学校ができると、三年ほど経過をみて、それから次の準備に入るものですけど……。」

「そういうもんですか。」

「そうですとも。先生ンところは開校したばかりで、それに難しい問題も抱えておられて……。」

「いや、大丈夫と思いますが。」

「大丈夫と思われるんですか。」

「大丈夫です。」

「わかりました。」

一九九二年秋、小学校の開校から半年、和歌山県庁でのやりとりである。学園は開校直後で、資金は底をついていた。しかも厄介な人事問題に揺れていたのだ。(翌年の一月に和解。)

県の担当者は意地悪をいったのではない。むしろ期待をこめて心配してくれたのだ。学園の認可が決まったとき、総務学事課の課長さん以下みんなで、

「小学校だけではいけませんよ。早く中学校もつくっていただかないと。」

と、祝福し励ましてくださったのだ。じっさい、その後は用地さがしや資金確保には大変な苦労があったけれど、和歌山県との間には何ひとつトラブルは生じなかった。

それはともかく興奮と混乱のなかの中学校づくりの始まりであった。特に人事問題にからんで、批判、非難、中傷、いやがらせが渦巻いていた。そんなわけで計画は極秘裏に進めなくてはならなかった。和解が成立して初めて公表できたのだ。(この件については和解の際に「双方とも相手方の名誉を尊重して発言を控える」ことで合意している。したがってその中身や経過についてはお話しできない。)

保護者と二人三脚

一年目から中学校づくりを急いだ理由、それは保護者のあつい思いである。とくに五年生の子をもつお父さんやお母さんが「できるだけ早く」と熱心に準備に参加してくださった。「参加する」

というより、「私たちで」という意気込みだっただろう。

こうしてできた開校準備委員会は、その年の十一月に活動を開始した。いちばん大きな仕事は、もちろん資金集めである。保護者や職員から寄付の申し込みが続いた。ミキハウスの木村社長も資金提供と人材派遣をして応援してくださった。しかしそれだけでは足りない。保護者間での話し合い、アピールの発送、広報活動など、毎週のように会合がかさねられた。

資金集めだけではない。委員の何人かには、面倒な認可申請書類の作成にも参加してもらった。時には夜遅くになったこともある。まさに学園と保護者の共同の学校づくりだったのだ

窮すれば通ず、土地さがし

資金集め以外で苦労したのが用地の確保だ。まず休校中の彦谷小学校は、福祉法人の作業所にする計画があって残念ながら断念。次に目をつけたのが隣村の谷奥深地区へ行く途中の養鶏場跡だ。直前まで何百羽ものニワトリが飼われていた。広さもまずまずだ。しかし所有者がこちらの希望価格の三倍もの値をつけてきた。懸命の交渉も不調に終わった。そこで岡室区長さんが怒った。

「もういい。あんな人に頼らんとこら。オレの山でよかったら使ってくれ。」

村の家の南側の山である。しかし校舎には向かない。だが困った時こそいい考えが浮かぶものだ。既存の寮を校舎に転用しよう。寮は小中あわせて既存の「村の家」に増設する形で建てればよい。校舎は小中併設の方が便利で使いやすい。区長さんの山を借りれば土地代を用意しなくてすむ。

まさにグッドアイデアなのだ。保護者の山上さんの世話で大急ぎで設計図がかかれ、前述の堀棟梁とそのお仲間がいつものように大車輪で仕事を進めてくださった。和歌山県も、柔軟に対応してくれて、無事に四月の開校にこぎ着けることができたのだ。

新しくなった寮への引っ越し。
思わず笑顔がこぼれる

キルクハニティのジョン校長夫妻も
中学校の開校を祝って二度目の来校

受験指導はしません

中学校は一九九四年四月に無事にスタートした。小学校の開校からわずか二年後である。校長は大阪市立大学を辞めた私が兼務することになった。

小学校と同じように、世間ではあって当たり前のものがいくつもない学校だ。教科と学年の壁がない。宿題と試験がない。先生と呼ばれる大人がいない。チャイムが鳴らない等々。そこにもうひとつの「ない」が加わった。

受験指導はしないという「ない」

私たちがあえてこのように宣言するのには理由がある。中学生のうちに自分の進路について考え、その準備をするのは、人生でもっとも大切なことだ。大人から強制や誘導をされないで自分で決めなくてはいけない。だから学校は「勉強せよ」ともいわない。特定の高校を勧めもしない。入るのがむずかしい高校を受けたい子には、アドバイスはしても止めることはしない。もちろん求められれば相談には乗るし情報も提供する。情報が乏しければ収集のお手伝いもする。これは中学校のもっとも大切な方針の一つで、これからも決して変わることはない。(もっとも最近は「君には高等専修学校がお得だと思うよ」ということもないではない。じっさい高専に向いている子はとても多いからだ。)

開校祝いに来てくれたキルクハニティのジョン校長とモラグ夫人。「きのくにの食事は美味しい。ぜひシェフに会いたい。」かくして喜八さん夫妻とご対面

前にも述べたように開校三年目の一学期のことだ。三、四人の保護者から「せめて少しだけでも受験指導をしてもらいたい」といわれたことがある。しかし少しの妥協は、取り返しのつかない後

退につながる。どんなにいわれても、こればかりは「ノー」と答えるしかなかった。その後は、このような要望は（少なくとも表立っては）一度もない。そして普通の公立や私立の高校へ行った卒業生の成績はとてもいい。トップクラスの子も少なくないのだ。（もちろん成績がすべてではない。）

かわったクラスが誕生!!

「こんなクラスをつくって欲しい。」

生徒からこんな注文が来たら、普通の学校の先生はどんな反応を示すだろう。よほどのことでもない限り、「何をいってるんだ！」と一蹴されるに違いない。そのよほどのことが、新しくできたきのくにの中学校では実際に起きたのだ。

開校時の中学のプロジェクトは「出版社」のひとつだけ。ミキハウスから来てくれた遠藤陽子、鈴木慶太の二人が担任になった。そこで機械好きの山上君、高原君、足立君、谷口君、浜口君たちが、当時の校長の松戸さんを口説いてできたのが「電子工作所」である。このクラスは松戸さんの退職まで六年続いた。（足立君は、卒業生で子どもの村の最初の保護者になった。）

もう一つは三年目に誕生した「わらじ組」。小学校では「工務店」という人気クラスにずっといた野川真生ちゃんが「第二工務店をつくって」といってきた。学園長からは「担任の大人が足りない」とつれない返事……。真生ちゃんは諦めなかった。

「担任って必ず必要なの？」

この思いがけない問いかけに驚き、そして感動した学園長の発案で、人類史上初の正規の担任のいないクラスが誕生した。「わらじ組」である。命名の趣旨は「わらじを二足も三足もはく欲張り集団」だという。今や中学校で最古参の名門クラスとなっている。

わらじ組の中学生は、昔も今も社会問題に関心が高い。最近では、水俣（水俣病）、天草（キリシタン館）、知覧（特攻平和会館）、富山（イタイイタイ病）、長嶋愛生園（ハンセン病）、北海道（開拓記念館、アイヌ博物館、網走監獄など）、東日本大震災の被害地などを訪ねた。

わらじ組の北海道旅行。道路開拓の強制労働で亡くなった網走監獄の受刑者のための供養碑の前で（2020年）

17　南アルプス子どもの村

三つめの小学校

二〇〇八年六月二五日、新しい学校を開設するための書類が山梨県知事に提出された。名前は、南アルプス子どもの村小学校

予定地は南アルプス市の徳永地区で、民家が散在し、モモ、ブドウ、サクランボなどの果樹園の多い所だ。南東の方向に富士山が見える。開校は二〇〇九年十月一日。一学年の定員は二〇名だけど、初年度は四年生までの募集である。当初の年間予算は、およそ一億五〇〇〇万円だ。

かねてから「東京方面にもぜひ一校を」という声がとても強く出ていた。当時のきのくにとかつやまの子どもの数は約二七〇名で、そのうち五〇名ほどが関東と東海地方の子である。この子らは、ほとんどが週末も学校に残っている。この新しい学校の計画は、待ってくれている多くの子と保護者にとって朗報となった。

地元の期待と支援

この計画には多くの人の後押しを受けた。まず南アルプス市からは、市長、市議会議長、教育委員会などの強力な支援があり、県知事との交渉、「特区」の申請、埋蔵文化財の調査、下水道の延長工事、市民への広報などで助けていただいた。また山梨県からはは基準の一部を緩和してもらった。いちばん大きかったのは、体育館をすぐに建設しなくても三年後までは市立体育館を無償で借りての開校でもよくなったことだ。

合併前の旧八田村の村長、斎藤公夫さんには、用地買収、事業認定、埋蔵文化財関係など膨大な手続きを引き受けてもらった。地主さんたちも、学校のためならと土地の提供に同意してくださった。

山梨日日新聞が一面トップで報じてくれたので、早々に入学や職員採用を希望する問い合わせが続いた。

この計画は上智大学名誉教授の加藤幸次さんの提案から始まったものである。「きのくにの理念に英語教育を強化した学校」をつくりたいとのことで、学園の理事会は、加藤さんが校長に専念するという前提で、学園の第三の学校として進めることを決め、

学校建設用地での埋蔵文化財発掘調査（山梨県南アルプス市徳永，平安時代の住居跡が見つかった。）市の名前から山間地や高原を連想されるかもしれないが，甲府盆地の西部にある果樹栽培地域で，学校の敷地にもモモやカキの木が残っている。遠くに富士山が見える

加藤さんには理事会に加わってもらうことになった。

付近一帯は扇状地の末端で、太古の昔から人が住んでいたようで、隣接地からは五〇〇〇年前のタイの骨が見つかったという。私たちの学校用地でも四〇センチの深さから平安時代の住居跡が見つかっている。本格的調査は、本来ならば地主の責任ですべきものなのだが、長い時間と莫大な費用がかかる。南アルプス市の特別のはからいで部分調査でよいことになり、しかもその費用まで免除していただくという幸運に恵まれた。市の教育委員会からは、文化財を壊さないように少し土を盛って、その上に校舎を建てる方式でよいとの指導を受けた。

撤退か継続か

私たちも現地に足を運び、地主との交渉と県や市とのやりとりも進み、三月末には構造改革特区の認定も得られた。ところが正式書類の提出の直前に加藤さんから「身をひきたい」という申し出があったため、理事会では撤退か継続かの長い審議の末、継続、それもできるだけ早い開校をめざすことに決定した。理由はいくつかある。

① 準備がかなり進んでいて、開校できる可能性が高い。
② 以前から関東方面から開校をのぞむ声がある。
③ 日本の学校教育全体が右旋回を始めた。
④ 現在の学校の会計状態は、新しい学校の設立になんとか対応できる。

⑤　学校の職員の大多数（特に教員）が賛成してくれている。この多くの人たちのあつい思いが最大の理由といってよい。

波紋をさらに広げるために

今回の学校づくりは「バイリンガル教育特区」の認定を受けた。もちろん英語学校ではない。英語を母国語とする教員や二か国語を自由に話す教員が加わり、外国語の学習と海外の暮らしや文化に触れる教育の充実をめざすものである。もっとも、この方針はすでにきのくにでもかつやまでも実行されていて、小学校でも英語の授業があり、キルクハニティへも行くことができる。

いっぽうこの新しい山梨の学校でもプロジェクト中心の体験学習がいちばん大切にされるのはいうまでもない。教員も相互に異動する。子どもも一年ごとに転校してもかまわない。まったく新しい学校が誕生するわけではないのだから。

学校改革に一石を

これが、これより十七年前の学園設立の目的の一つである。さいわい私たちの学校づくりの理念は、大きな障害にあわずに実行されていた。マスコミを始め、多くの人に知られるようになり、きのくにをモデルにした学校もいくつか現れはじめた。かつやまを先例として、自前の校地と校舎を持たない学校を作りたいという人も少しずつふえてきた。

きのくには教育界の良心だ、といわれることがある。南アルプスの新しい学校もまた子どもの自己決定、個性そして体験学習を大切にする学校の「よさ」をアピールするためにおおいに貢献してきているのではと思うのだが……。

なお、二〇二〇年十一月現在の小中学校の子どもの数は、合わせて二〇〇人を超えている。新一年生の入学希望も、一学年二〇名のところへ五一名から入学受け入れの判定のための体験入学を申し込んでもらっている。

▲ブドウ棚の手入れ

◀りっぱなブドウができました

開校したばかりの南アルプス子どもの村小学校

18　北九州子どもの村
―自由学校の火を消すな―

学校名を変えてでも？

二〇〇九年二月のある日、場所は北九州のひらおだい四季の丘小学校。

この学校を設置する九州自然学園の役員と、きのくにの理事長である私、そして理事長代理の丸ちゃんが協議をかさねていた。経営再建のための支援の要請がきていたのだ。

再建は容易ではない。わずかな財政的援助や教員の派遣ではおぼつかない。きのくにのごとき零細な学校法人が、手を差し伸べるとなれば、それ相当の覚悟が必要だ。平尾台の小学校の皆さんにもしっかり腹をくくってもらわねばならない。理事と校長の派遣、きのくにに主導の経営立て直し、すみやかな中学校設置など、支援の中身が決まったあとで、いいにくいことを切り出した。

「できれば学校名の変更も考えてほしい……。」

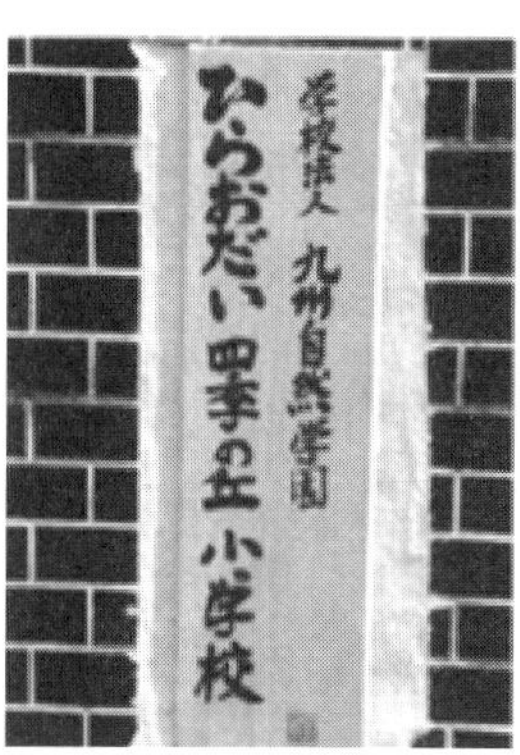

いっしゅん相手方の表情に戸惑いが走る。当然のことだ。八年もの長い苦労の末にできた学校の愛着ある名前だ。しかし理事たちが「学校の存続が第一です。やむを得ません」と答え、吉野理事長がこれを確認する。悔しさと苦渋の色はかくせない。

再建の中心的役割

何はともあれ、こうして二つの学校法人の間に合意が成立した。主な内容は次のとおりだ。

① 理事長と理事一名の派遣
② 校長と教員二名の派遣
③ 二年間で中学校を設立
④ 学校名の変更

理事長は私（堀）が、校長はきのくにの丸ちゃん（丸山）が兼任する。教員二名は、かつやまのプーちゃん（高木）と、きのくにのいくべえ（江守）だ。二人とも開校からの二年間、きのくに側から派遣されていたので、わずか一年でとんぼ返りである。

まず何より急がれるのは子どもの数をふやすことだ。今は十六人しかいない。卒業と転出で四月には九名に落ち込む。これを二年後には少なくとも三〇名にしたい。世はまさに未曽有の経済危機にある。けっしてラクな数字ではない。しかし、ゆっくりはできない。短期決戦である。

初心にかえる

ひらおだい四季の丘は、きのくにのような学校を九州にも、と願ってつくられた学校である。時間割もプロジェクトと基礎学習と自由選択でできている。それぞれの時間数もほとんど同じだ。学校案内でもうたわれているように、きのくにがモデルなのだ。設立の中心になった吉野さんは、何度となく和歌山へ見学に来たし、教育実習もきのくにで受けたくらいである。開校後は、前述のように高木、江守の二人がモデル教員として派遣された。

ところが最近きこえてくる声によると、当初の基本方針が徹底されなくて、保護者にも教職員にも不安が広がっていたらしい。子どもをきつく叱る、時には怒鳴る、基礎学習とプロジェクトが結び付いていない、いわゆる学力にこだわる人がふえた、プロジェクトのテーマが衣食住から離れている、上意下達がふえた等々。

生活と学習を本来の趣旨のプロジェクト中心にもどすこと。これも急務である。いわば原点に帰るのだ。

自由学校の火を消すな

学校名は「北九州子どもの村小学校」になった。学校のある平尾台は北九州市の南部、小倉南区にあるカルスト台地だ。秋吉台に次ぐ規模だという。しかし全国的には通りがいいとはいえない。そこで市の名前をつけ、さらに教育理念を明確にするために「子どもの村」をつかう。きのくにに吸収するのではない。自由で、体験学習が中心の楽しい学校を、というあつい思いを込めた校名変更である。

この学校への支援について話し合ったきのくにの役員会は長い時間がかかった。よくいえば盛り上がった。悪くいえば紛糾した。慎重論も多かった。ちっぽけな学園には負担が大きすぎる。資金が回収される見通しはない。今は南アルプスの開設で大変だ。きのくにに経営責任はない、子どもがふえる見込みはあるのか、中学校も必要になる、などなど。

きのくにの使命

けっきょく役員会は、困難を承知で支援に踏み切った。

きのくには、自由で楽しくて充実した新しい学校を、という一石を投じるために設立された学園だ。その小さな波紋が九州にまで広がって、芽を出したのが平尾台の学校なのだ。これを枯れさせてはならない。「井戸を掘った人たち」の苦闘を無にしてはならない。そして「九州にもきのくにのような学校ができた」と喜んで子どもを入れた保護者の期待を裏切ってはならない。

私たちにはお金はない。しかし、あつい思いがある。たくましく成長している子どもたちがいる。応援してくれるたくさん

開校前の小学校校舎
(北九州市立新道寺小学校平尾台分校)

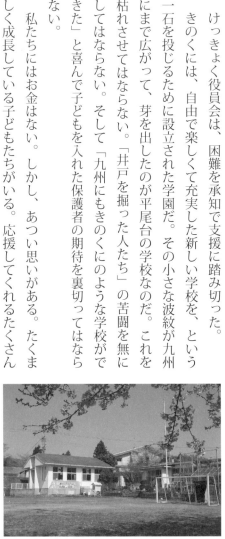

の人がいる。それまでの十七年の実績もある。がんばろう。

その後、中学校の計画が作られ、工事が始まる頃には子どもの数は徐々にふえ始め、中学校が二年後にめでたく開校した。二〇二〇年十一月現在の児童生徒数は一〇〇人弱にまで増えている。学園長の堀と小学校長の丸山は、今もフェリーを使って毎週火曜日にやってくる。子どもたちは明るくて元気だ。

開校１年目のプロジェクト
（秘密基地づくり）

入学を祝う会は昔も今も屋外で，委員会の子が計画と進行を引き受ける

現在の北九州子どもの村小中学校（右が中学校校舎）

19　韓国代案学校事情

立ち見も出る盛況

すごい熱気だ。パワーにあふれている。韓国では、ソウルをはじめ、いろいろな所で新しい学校をつくる動きが活発になっている。日本は完全に負けているといってよい。

二〇〇八年十一月二九日、ソウル教育大学の大講義室には、各地から学校づくりの関係者が集まった。会の第一部は、自立教育学会の創立二〇周年記念シンポジウムだ。その前身は、韓国ニイル研究会で、おなじみの金恩山《キムウンサン》先生が長く会長をつとめられた。今年のテーマは「二一世紀の学力」である。私も「自由学校と体験学習」と題して提言をおこなった。私たちは子どもの感情と知性と社会性が統合的に発達するのを援助すべきで、それには体験学習が緊急で不可欠だという趣旨だ。

第二部は、きのくにの紹介である。工務店の長いすべり台づくりの様子をスライドで見てもらってから質疑応答に入った。参加者はどんどんふえて、何人もの人が立ったまま聞いてくださった。六時過ぎに終了の予定が七時半をまわっていた。その後は、出たばかりの『自由学校の設計』の韓国語訳にサインをたのまれたり、それまでにお付き合いのあったムジゲ小学校の人と再会したり、見学や研修の申し入れがあったり、食事をしながらの歓談が続いたりで、それはそれはすごい熱気であった。

代案学校に三〇〇〇人

韓国では、もともと日本以上に受験競争が激しく、子どもたちは三大有名大学（ソウル、高麗、延世）をめざして幼少の頃から尻を叩かれている。海外留学もさかんで、子どもと母親が外国に滞在し、残された父親がせっせと稼いで送金するという家庭も少なくない。いわゆる「キロギアパ」（雁パパ）だ。しかも大統領が代わって教育現場はますます息苦しくなった。「もっと学力を」という掛け声が国じゅうに響きわたっている。

しかし当然のなりゆきで、それに疑問を抱いたり反発したりする人が出てくる。一九八四年に始まった「代案文化運動（もう一つの文化をという運動）」などと連動する形で、新しい学校をつくろうとする動きが出てきたのだ。こうして出てきた新しい学校は、英語の'Alternative School'を訳して「代案学校《テアンハッキョ》」と呼ばれる。

『自由学校の設計』の翻訳版を出してくれたミンド

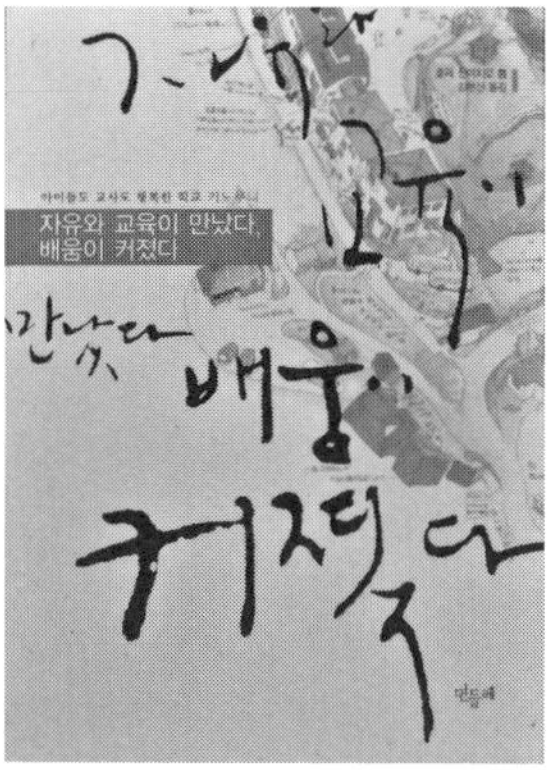

韓国版『自由学校の設計』
（翻訳は金恩山先生）

ルレ出版の金敬玉《キムキョンオク》さんによると、韓国にはさまざまな形の代案学校があり、その子どもの数は、二〇〇七年現在では二七〇〇人で、翌年には三〇〇〇人はくだらないだろうと予想していた。

規制は緩和されたけれど

韓国では「特性化高校」という制度が一九九八年にスタートした。これは職業分野特性化学校と人性分野特性化学校に分かれる。いずれも学校法人が設置し、国から補助金が出る。前者はアニメ、デザイン、クルマなどの実業学校で、後者は新しい哲学にもとづく自由な学校である。ガンジー・スクールは、後者の数少ない例の一つだ。二〇〇一年には中学校も認可の対象となった。全国におよそ三〇校ある。

二〇〇七年には、さらに代案学校法案が制定された。特性化学校は学校法人の設立を要するが、この法律による学校はNPO法人や個人でも設立できる。施設の基準は通常の学校の三分の二程度でよい。認可申請は二〇〇八年からで、ソウルでは二校の申請があり一校が認められた。審査員九人の中に代案学校にくわしい専門家が三人くわわる。ミンドルレ出版の金さんもその一人だ。

規制は緩和されたが、無認可の代案学校が認可申請をするかどうかは微妙だ。補助金は嬉しいけれど失うものも多い。三校あるガンジー・スクールでも、山清《サンチョン》の高校以外はあえて無認可のままだ。さまざまな制約がのしかかってくる。例えばＮＩＣＥ計画だ。すべての高校の生徒の成績と生活のデータが一元化して統制される。ガンジーとて拒否できない。

しかし無認可だと経営の苦労が多い。保護者の負担も重い。ソウル市内のある代案学校では、校舎の建設費を返済するために、入学時に二〇〇万円もの寄付を求めている。通学制なのに、授業料はきのくによりずっと高い。

金さんの話では、韓国の人から見ると、きのくには実践もりっぱだが、普通の私立学校として堂々と認可されているところがすごいのだそうだ。韓国からのお客様は当分ふえ続けるだろう。できるだけ受け入れたいものだ。私たちも、サマーヒルやキルクハニティに受け入れてもらったのだから。

左から金敬玉さん，堀，金恩山先生（2009 年）

20　ヘレラウ国際学校

――大人の研修旅行――

サマーヒル発祥の地

「おーい、たいへんだ。みんな降りて！」

私が興奮して大声を出し、みんなが大あわてで電車を降りる。郊外を走る二両編成の市電から降り立ったのは、子どもの村の一〇人ほどの大人たちだ。私がまた叫ぶ。

「まちがいない。ここだ。これが、ニイルが学校を始めた場所だ！」

きのくにの職員の海外研修の一コマである。ところは、ドイツ北東部の古都ドレスデン郊外のヘレラウ（Hellerau）だ。町の中心から市電で三〇分ほどの静かな住宅地で、その一角に、正面に何本もの四角い柱をもった立派な建物がある。柱の高さは一〇メートル近くあるだろう。

古都ドレスデンの中心部，エルベ川の夕暮れ

私は一九八一年の春、ドレスデンがまだ東ドイツに属していた頃にもここへ来たことがある。一九二一年にニイルが始めた国際学校の建物をさがすためだ。しかし、その時は道行く人たちが親切にしてくれたけれど、どうしても見付からなかった。それが目の前にあるのだ！

ヘレラウは、二〇世紀の初めにヨーロッパのいくつかの地に起こった田園都市づくりの一つである。文化人や芸術家が多く集まってきた。この建物はシュピールハウス（劇場）と呼ばれていた。第一次世界大戦の後、リトミックの学校とドイツ人教師による新しい学校が共同で使っていた。

ヘレラウ・シュピールハウスの本館
ニイルの国際学校は左の２階建ての建物

インフレのおかげ？

ニイルは、一九二一年に結成された世界新教育連盟の第一回大会（フランスのカレー）に参加しあと、ここにやって来た。そして奨められるままに学校をつくり、ヘレラウ国際学校と名づけた。一〇人余りの子どものほとんどがイギリス人であった。

ニイルははりきっていた。

「ドイツでの生活は、祖国では得られない多くのものを与えてくれた。私は、リズムとダンス、そして素晴らしいオペラやオーケストラ音楽などの雰囲気に浸って三年近くを過ごした。ヨーロッパのほとんどの国の人と会い、毎日何か新しいものを学んだ。ヘレラウでの生活は、私の一生で最も興奮にみちた時代である。」(『新訳ニイルのおバカさん』、二一五ページ)

ニイルが小さくても自前の学校をつくれたのは、大戦後のドイツの為替相場のおかげだ。信じられない勢いですすむインフレが、わずかなポンドを高額のマルクに変えてくれるという幸運に恵まれたのだ。

あつい思い、持続する志

ニイルはドイツの教育制度とドイツ人には失望した。とくにドイツ人教師が子どもを型にはめるのに我慢ならなかった。

「ドイツ人は自由など望んではいなかった。むしろ恐れていた。率直で自分自身をよく知っているドイツ人教師たちは、そのとおりだと正直に告白した。」(同、二一六ページ)

後年、エーリッヒ・フロムが『自由からの逃走』で分析した当時のドイツ人の心理を、ニイルはすでに感じ取っていたのだ。

臆病なドイツ人教師とは違って彼は妥協しなかった。全員が対等の権利を持つ全校集会や、授業に出る出ないの自由も

ヘレラウ国際学校でのニイル

この頃に確立された。スコットランドの村の学校やロンドンのキングアルフレッド・スクールで徹底できなかったことが、ここでは存分に実行できたのだ。彼は、見学にきた親子連れにこんなことばで話をしめくくった。

「これが私たちのやり方です。お気に召したらどうぞ。お気に召さなかったら、他所《ほか》をあたってください。」

子どもが少なくても、経営が大変でもけっして妥協しない。この方針は、ドイツから移転したサマーヒルでもオーストリアでも、イギリスに帰国して再出発したサマーヒルでも変わらなかった。サマーヒルでは子どもはたった五人で、しかも授業料を払えたのは二人だけだ。ついでにいうと、ジョン・エッケンヘッドのキルクハニティでは、はじめの二年余りは給料を出せなかったという。

最近の日本の学校でも事情は同じで、どこも苦戦している。しかしこれらの学校に共通しているのは、妥協をきらい、志をつらぬこうとする熱い思いだ。そしてこの熱い思いと持続する志に感動し、共鳴して援助の手を差し伸べる少数の人が現れることである。

子どもの村学園の海外研修で（2017 年）

21　学校づくりを始める人に　―その１・旗印―

すべては他がために為し、己のためには何事も為さず

ペスタロッチの墓碑銘の一節である。彼は「スイスの聖人」とか「孤児の父」とか呼ばれ、教育学史上もっとも尊敬されている。経済的困窮の中で恵まれぬ子どもと生活を共にし、借金を重ねて学校を続けた情熱の人である。理論的にも多くの教育学者に影響を与えた。有名な『隠者の夕暮れ』の冒頭のことばは、彼の思想を象徴的に表している。

「玉座にあっても草屋根のかげに住んでも、その本性からみれば人間はみな同じだ。さて人間とはいかなる存在だろうか。」

Konrad Grob - Pestalozzi bei den Waisenkindern in Stans.

子どもたちとペスタロッチ

ペスタロッチのような生き方は、私たちにはとても真似ができない。彼は、多忙と極貧の生活の中で献身的に子どもに尽くし、しかも執筆を続けたのだ。

共に生きる喜び

同じように貧乏で、しかも信念をつらぬいた人でも、ニイルの場合は少し身近に感じられる。

「もっともよい教師は子どもとともに笑う。もっともよくない教師は子どもを笑う。」

数あるニイルの名言の中でも私がいちばん好きなことばだ。彼の基本姿勢は「子どものために生きる」というより、「子どもと共に生きる」である。教育の目的は、子どもが既成の価値観や押しつけられた超自我から解放されて、自分自身のものの見方や生き方を形成するのを援助することだ。ニイルは子どもを導こうとはしない。子どもが、外的権威にしばられず、自分を強く意識し、同じように自立した仲間との共同生活の中で、より楽しく、そしてイヤなことをより少なくする生き方を身につけるのを見守る。このとき教師は、導くというより、共に歩む存在だ。

こういう大人にとって何より嬉しいのは、子どもたちが新しいことに出会い、それに驚いたり挑戦したりして成長するのを目の当たりにする時である。そのとき教師は、自分自身が何か新しいものに出会い、何かを感じ、何かを手に入れる。ひとことでいえば、子どもと共に成長する自分を実感するのだ。

学校づくりの最大の夢と報酬は、この実感である。

まず旗印を鮮明にしよう

さて学校づくりは簡単ではない。まず資金集めが大変だ。校舎と校地は自己所有でなければならない。まさかの時の用心のために、経常経費の一年分に相当する基本財産（現金）を準備しておかないといけない。お役所とも仲良くしなくてはならない。仲間との意思統一も大切だ。広報活動にも時間とお金がかかる。なにしろ忙しい。体力も必要だ。学校づくりは、気の遠くなるような仕事なのだ。

第一に心すべきは仲間との意思統一である。これは予想外に大きな躓きの石となる。高邁な理想を掲げて出発しても、途中でけんか別れや自然消滅になるケースは少なくない。意気投合したはずの仲間たちの間に、見解の相違や考え方のずれとねじれ、感情のもつれなどが頭をもたげる。その原因はいくつもある。

◇　教育観の違い……具体的な教育計画、運営細則、人事の立案などの段階で現れやすい。小さな意見の違いのようでも、じつは根本的な考え方の違いに由来していることがある。たとえば私たちの学校の学習の中心となる体験学習をどう呼ぶかで意見が分かれたことがある。「プロジェクト」か、それとも「プロジェクト学習」か……。後者にこだわった人たちは、やがて会を去っていった。

◇リーダーシップ……中心になる人が見通しを持ってリードでき、しかも他のメンバーがその力や経験を尊重しなくてはならない。意思決定も単純な多数決がよいとは限らない。
◇感情的な不協和音……聞き違いや些細な誤解が対立や言い争いに発展する。その底には深刻な見解の相違や個人的な事情が潜んでいることがある。

初めの合意が大切

こうした問題はできるだけ避けたい。たとえ起きても、イヤな別れ方はしたくない。それには、最初に将来像について明確な合意を交わしておくのがよい。青写真をはっきり焼き付けておくのだ。参考までに新しい学校をつくる会の発足時の約束は以下の通りだ。(一九八四年)
◇サマーヒルをモデルにした自由な学校をつくる。
◇小学校から始める。
◇体験学習が中心である。
◇私立学校の認可を受ける。(これは後で何人かのメンバーが去る原因になった。)
◇大人の基本給は同額(同)。
◇大人は先生とは呼ばれない。
◇子どもは通学、週末帰宅、長期滞在のどれでもよい。
◇自然のゆたかな所につくる。

学校像があいまいで空中分解したり、路線を変えて信用を失ったりしたグループは一つや二つではない。これから学校づくりを始めようという人は、くれぐれもご用心！

◀「新しい学校をつくる会」の最初のパンフレット

きのくに子どもの村の発祥の地「山の家」に集まった小学生たち

22 学校づくりを始める人に ――その2・自治体の支援――

学校づくりは、気の遠くなるような仕事

南アルプス子どもの村小学校は、二〇〇九年の秋に無事に開校した。年度途中（十月一日）の開校なので、当初の子どもの数は十七人だ。しかし、職員、保護者、来賓、報道関係者、きのくにとかつやまから駆け付けた子どもなど合わせて三〇〇人が、にぎやかに新しい学校の船出を祝った。会の進行の中心は、きのくにから駆け付けた小学生たちである。これには役所の人をはじめ、皆さん感動してくださった。「さすがは子どもの村」という声もきかれた。

ところで開校準備に大わらわの頃、きのくにから転任予定の阿部君（通称ベアー）が、しみじみとこんなことをいった。

開校の少し前，新築校舎の棟上げで乾杯。子どもの村は乾杯の多い学校です

「一から学校を始めるのは大変なのだと、よーくわかりました。」

私はイヤミで応えた。

「君が参加したのは、富士山でいえば九合目を過ぎてからだよ。」

性格のいい阿部君は、すぐにそれまでの長い道のりに気付いたようだ。じっさい学校づくりにはすごく時間がかかるのだ。きのくにの小学校は七年半、かつやまが四年、キルクハニティは七年弱だ。南アルプスの話が出たのは二〇〇五年の四月なので四年半も前のことだ。

準備に時間がかかるだけではない。途中でいろいろなことが起きる。今回も候補地が二転三転したあげく、埋蔵文化財が発見されて建築費が予算をオーバーした。設立の中心になるはずの加藤幸次さんが、山梨県知事あてに認可申請の書類を提出する直前に身を引いてしまわれた、などなど。こんなわけで七月に認可が下りた時には校舎もほぼ出来上がり、富士山でいえば頂上間近だったのだよ、阿部君。

自前の校地校舎か、遊休施設の活用か

私立学校の施設は法人の自己所有でなければならない。借り物ではダメ。これが一九九八年までのきびしい規定であった。例外はない。

かつやま子どもの村小中学校（元公立小学校。左から体育館，校舎，新築の寮）

この鉄の掟に風穴をあけたのが、かつやま子どもの村である。「史上初のケースなので絶対に失敗しないでくださいよ」と文部科学省からいわれた画期的な学校なのだ。

これで自前の施設なしの学校開設が可能になった。ただし「自治体から無償かつ無期限で」という条件が付いている。グリーン・ヒルズ（長野市）、どんぐり向方《むなかた》学園（長野県）、ひらおだい四季の丘（北九州、現・北九州子どもの村）、東京シューレ（東京都）、りら創造芸術高等学校（和歌山県）などがこれに続いた。

自治体の支援が不可欠　施設を借りての開校

自前の校地校舎を持たない学校づくりのメリットは、やはり資金繰りが簡単なことだ。南アルプスの小学校では、土地代、建築費その他で合計二億円かかった。いっぽう福井の勝山の場合は、備品と風呂場の新設などわずか八五〇万円ほどで開校に漕ぎつけた。（ただし、二年後の寮の新築に六五〇〇万円かかった。）お金がなくて学校をつくりたい人にはお薦めである。しかし、いくつかの難しい課題が控えている。

①　自治体の理解と支援

施設の所有者は市や町である。そもそも市長や町長の決断がなければ、ことは始まらない。市議会の同意も必要だ。しかも事前に地元住民の理解を得ることも忘れてはいけない。

② 交通の便

こういう施設の多くは山間地にある。校舎はともかく、遠くからくる子のために寮を新築する費用は覚悟しなくてはならない。何かほかの建物を借りるにしても改修費が必要になる。また子どもたちが週末に帰宅できるには、大都市から二、三時間以内の所が望ましい。

③ 建物の構造と強度

遊休施設はたいてい古い。一九八一年（昭和五六年）以前の建築物だと、現在の耐震基準を満たしていないのが普通である。そして耐震検査だけでも意外に経費がかさむし、耐震化工事は予想をはるかに超えて高くつく。

④ 基本財産（現金）の確保

繰り返しになるが新しい学校の第一号をつくる時は、一定の現金を用意しなくてはならない。まさかという時のために使わないで確保しておく資金である。これには普段は手を付けてはいけない。自己所有地に校舎を建てる場合も、自治体から借りて開校する場合も同

創設費の比較

1・きのくに子どもの村小学校（1992）			
	土地代と造成費	32,000,000	円
	校舎と寄宿舎の建築費	120,000,000	
	基本財産としての現金	70,000,000	
	その他	13,000,000	
2・きのくに子どもの村中学校（1994）			
	校舎と寄宿舎の建築費	105,000,000	
	その他	12,000,000	
3・かつやま子どもの村小学校（1998）			
	その他	8,500,000	円
4・かつやま子どもの村中学校（2001）			
	寄宿舎建築費	計 65,000,000	円
	その他	5,000,000	

じだ。金額は都道府県によって違う。経常経費の一年分、半年分、あるいは人件費相当額などと決められている。

学校の開設は決してラクな仕事ではない。しかし基準や規定を一つ一つクリヤーすれば、必ず実現する。学校づくりが日本よりむずかしい国はいくらでもある。短気を起こさないで、一歩一歩前へ進もう。

23　学校づくりを始める人に　―その3・資金集め―

資金集めは大仕事

宝くじの特等に当たったら、
思いがけない遺産が入ったら、
すごい大口の寄付がきたら……。

学校づくりを始めた人は、しばしばこんな甘い夢を見る。と同時に何度も悪夢にうなされる。

資金を預けた銀行が倒産した。

寄付を約束した人が行方不明。

大金の入ったカバンを置き忘れた……。

とにかく新しく学校をつくるための資金集めはとても苦しい。気の遠くなる仕事だ。時間がかかるだけではない。時には気の滅入るような人間関係も生じる。その長くてつらい時期に、気をつけるべきことがいくつかある。

寄付金は預かり金

寄付金はいただいたものではない。「お預かりしている」という潔癖な発想が大事だ。計画断念に至った時には返さなくてはならない。普段の活動費（交通費、会議費、印刷費、通信費など）は自分たちで用意すべきである。預かっている寄付金には手を付けないでおこう。

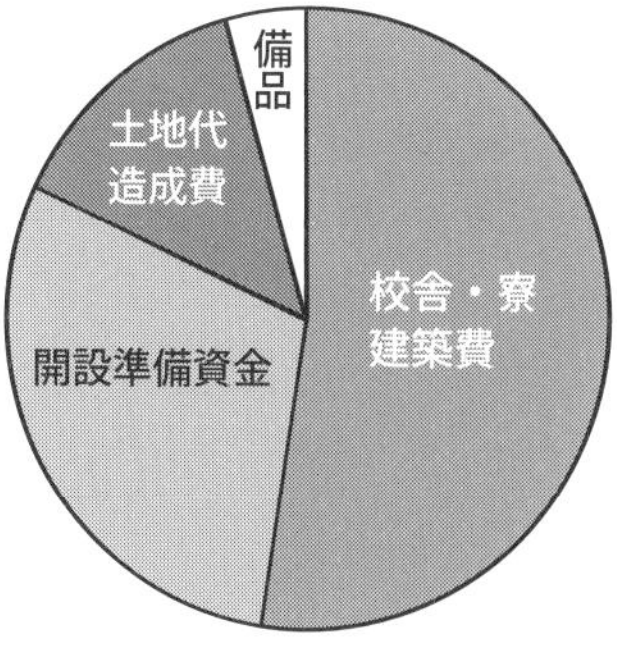

図１　学校設立資金の使途
（総額：2 億 3800 万円）

設立準備財団と免税措置

企業などから大口の寄付を受けるには設立準備財団をつくる。首尾よく知事の認可が下り、それを受けて財務省から「指定寄付」の認定が得られれば、企業は寄付金分を経費として総所得額から控除が受けられる。個人の場合は年末調整で所得税の一部が還付される。財団は集まった寄付金を認可された学校法人に寄付してその役目を終える。

手続きはラクではない。とくに学校の設置が実現性のあるものだと認めてもらわないと、財団法人としての認可を受けることはできない。

イベントに走らない

資金集めのためのイベント、物品販売、大量の印刷物の郵送などは、労多くして功少ないと心得るべきだ。それよりも一人でも多くの人や企業に会って話を聞いてもらうほうがよい。

「広く浅く」は疑問

不特定多数の人にアピールを出すより、友人、知人、関心のある人にお願いする方がよい。一〇〇〇〇人に趣意書その他を郵送すると、一回で一〇〇万単位の費用がかさむ。それより一〇〇人の人に会うべきだ。寄付してくれた人にはまめに進行状況などを報告することを忘れてはいけない。

基本財産としての現金

何度も同じことをいうのは気が引けるけれど、開校時には施設（土地、校舎）や設備の費用のほかに、基本財産としての現金を用意しなくてはならない。開校後の存続のための保証金のようなものだ。「子どもが一人も来なくても一年間は存続できるための資金」だという。うまく開校できても、この資金には手を付けてはならない。多くの県では経常経費の一年分だが、半年分のところもある。あらかじめ覚悟が必要だ。

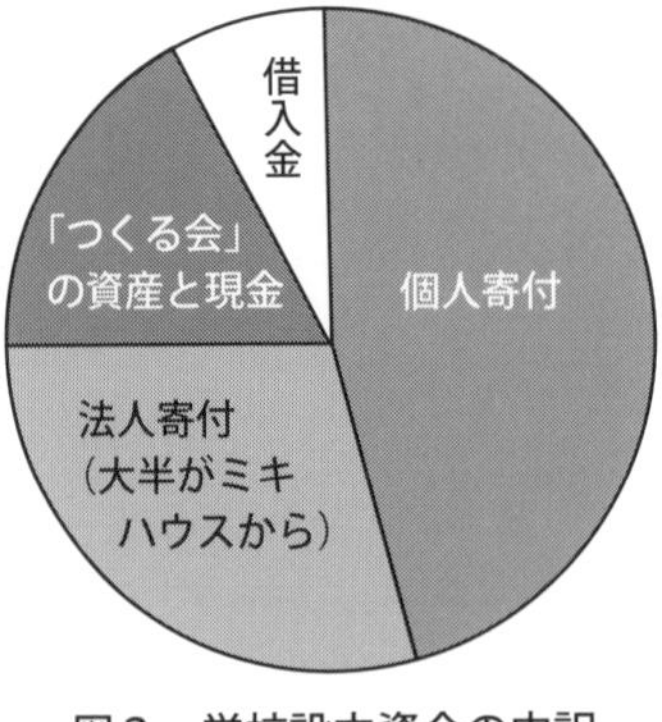

図2　学校設立資金の内訳

いわゆるバブルがはじけて十数年が過ぎると日本経済は泥沼にはまったままの状態が続いた。私たち子どもの村の場合は、学校づくり冬の時代だったといってよい。しかし以前にくらべれば、最近では規制がかなり緩和されているのも事実だ。あせらず、あきらめず、腹を立てず、楽天的に続ければかならず道は開ける。

24 学校づくりを始める人に　―その4・上手に工夫―

教科書を使わないとは何事

ある地方都市の教育委員会の幹部の人から電話が入った。

「新聞で読んだが、おたくの学校は教科書をつかわないとか。どういうことですか。そんなことが許されるのですか。それでも正式の学校といえるのですか。」

納得がいかない、という口ぶりだ。私の答えはシンプルで明快だ。

① 当方は正規の私立学校です。学校法人で、私学補助もしっかりもらっています。

② 教育内容は「学習指導要領」に準拠するという条件にかなっています。

③　しかし指導方法には独自の工夫をします。プロジェクトという体験学習が中心です。

④　教科書の使い方は一様ではありません。教師と教科によってさまざまですが、「教科書を教える」という使い方はしません。

電話の主は、私の説明にあっさり納得して「私も体験学習や自治には賛成です。がんばってください」といってくださった。

教育課程特例校の申請はしない

日本の学校で使う教科書は、文科省の検定を受けたものに限られる。検定は学習指導要領に準拠している。この制度にかんしては大事なポイントがある。

①　あくまでも標準であって、その内容がすべての子どもに、しかも完全にマスターされ得るとは考えられてはいない。（そんなことは不可能だ。）

②　学習指導要領は内容と授業時間数を示すが、指導方法を規定しているわけではない。

③　学習指導要領に若干の特別な学習や活動を付け加えるのはかまわない。

④　学習指導要領の中身を変えるには、前年に新設された教育課程特例校の指定を申請できる。

どの学校でも年に二回、申請のチャンスがある。ただし指定されると五年に一度、報告書を出さねばならない。

きのくには、思い切った実践をしてきた。授業の大半が体験学習だ。しかしこれでも「学習指導要領に準拠する」という範囲内の私立学校である。特例校の指定は受けていない。

文科省の担当者に聞いてみたら「従来のままなら申請の必要はない」という。学習指導要領に抵触するのを恐れて時間割を組む必要はないのだ。文科省はガチガチにかたいという人は多い。しかし、今のところ私たちは、そんなにひどい不自由は感じていない。それどころか東京でお会いした元文部大臣の遠山敦子さんからは、「どうぞどんどんおやりください」と言われたくらいだ。

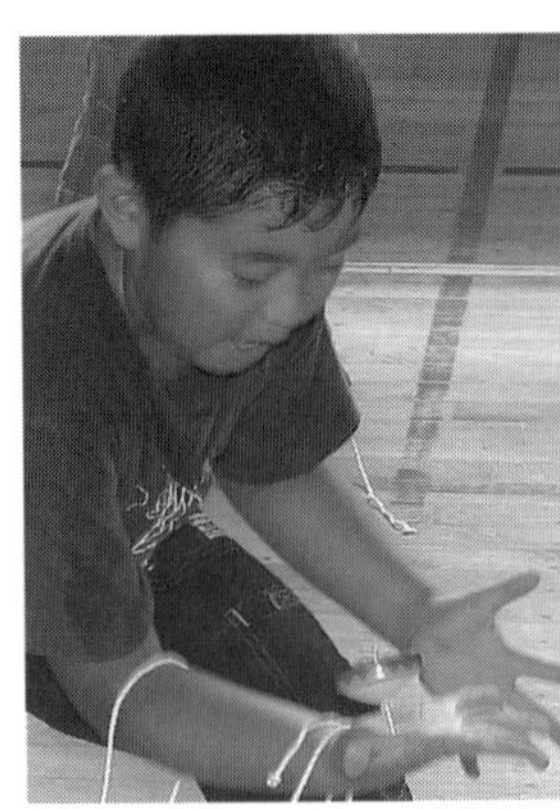

上手に工夫して我道をいこう

きのくにの日々の活動は以下のような順序でまとめられた。

① 教育の根本目的の設定—感情的、知的、社会的に自由な子どもへの成長の援助。
② 指導（援助）の基本原則—自己決定、個性化、体験学習。
③ 学習と活動の形態—プロジェクト、基礎学習、自由選択・ミーティング、個別学習の四形態。

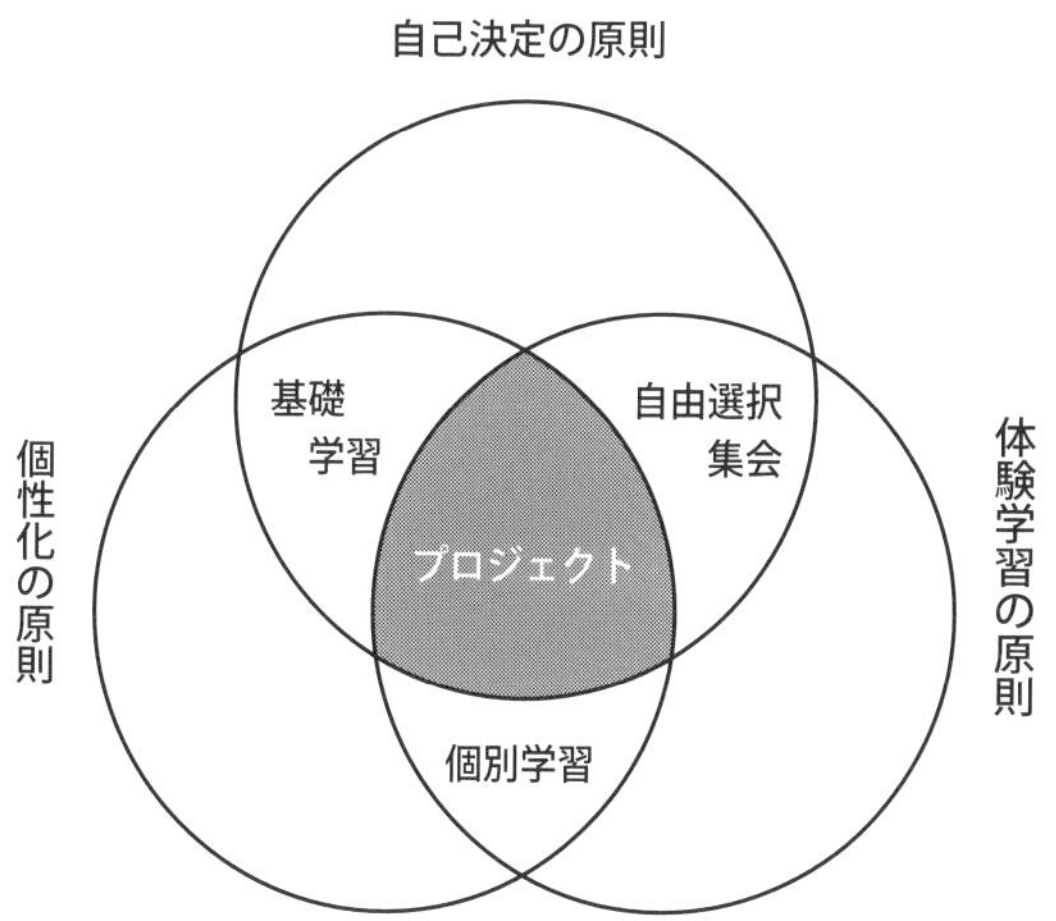

四形態は、三原則を上の図のように重ねてつくられた。これは学習の形（指導の方法）である。内容を表す概念ではない（拙著『新装版　増補・自由学校の設計』、黎明書房参照）。

私たちは、こうして一九九二年の年の開校からずっと、文科省とケンカもせず、いいなりにもならずに、我が思いをつらぬいてきた。子どもたちは、この方式を楽しみ、その有効性を証明してくれている。

もっとも教師は、とても忙しい。毎日おそくまで職員室にいる。週末も教材研究に余念がない。与えられた教科書の中身を伝達するほうが、はるかにラクだ。しかし教師にとって「何をどのように教えるか」の工夫ほど楽しいものはない。学校づくりはたいへんな仕事だ。しかしこの醍醐味に勝るものはない。

25　また一つ子どもの村が誕生
―ながさき東そのぎ子どもの村―

ながさき東そのぎ子どもの村

和歌山県橋本市の山間に子どもの村の最初の学校ができてから二七年、二〇一九年の四月、十年ぶりに新しい学校がスタートした。

ながさき東そのぎ子どもの村小学校である。場所は、長崎県の東彼杵《ひがしそのぎ》町大音琴《おおねごと》郷《ごう》地区。大村湾の東岸に面したのどかな地域だ。夕日が美しい。ほかの学校ではどこも海は見えない。海が見えるのはここだけである。山の中（きのくに、かつやま）や高原地帯（北九州）、そして四方を山に囲まれた盆地（南アルプス）ばかりだ。ほかの学校からやってきた小学生の一人が叫んだ。

ながさき東そのぎ子どもの村小中学校

「ここだけ海が見えるなんて、そんなのずるい！」

じつは、ここに五番目の学校ができる前、日本の各地から福井の勝山や北九州のように、廃校の施設を活用してもう一つの子どもの村をという具体的なお誘いがあった。土地を提供するからという話もいくつか届いた。一九九二年から現在（二〇二〇年）までに相談に見えたのは、宮城県、千葉県、栃木県、山梨県（二件）、長野県、新潟県、愛知県、福井県、滋賀県、京都府、徳島県、鳥取県、鹿児島県（二件）そして沖縄県からなど十四の府県にのぼる。

このようなお誘いの中にはとても魅力のある地域もいくつもあった。県知事さんみずからの訪問を受けたこともある。しかし、

「うちのような零細な学校法人では、これ以上はとうてい無理です。」

といってお断りし続けてきた。それなのに、しかも九州にはすでに北九州校があるのに、なぜここに新しい子どもの村が誕生したのか。その理由はいくつもある。

①　町長さん、教育長さん、そして町会議員さんたちが、学園の理念を理解してたいへん熱心に誘ってくださった。地元での説明会でもたくさん集まってくださって拍手していただいた。

②　長崎県庁の私学振興課の皆さんがとても好意的に話を聞いてくださった。いちばんありがたかったのは中学校の設置について特別の配慮をしてもらったことである。普通は小学校ができると少し時間をおいてから中学校の準備に入る。きのくにには二年、かつやまと南アルプスは三年、北九州に至っては五年もかかっている。長崎では、なんと小学校開校の翌年に中学校を開

設してもよいとのＯＫが出た。おかげで開校初年度から小学六年生も転入学できた。

③　熱心で有能な人材がそろっていた。まず、この話の始まりは元きのくにの数学教師で、結婚して退職していた長崎市在住の宋瑞妃が仲間たちにはたらきかけて、それが東彼杵町での私の講演会につながった。この時は、渡邊町長さん、加瀬川教育長さん、数名の議員さんのほか地元の有力者も何人かが話を聞いてくださった。赤瀬明子校長は元公立小学校の校長で、定年前に退職して学園の教員に仲間入りしていた。それに学園内のほかの学校から「長崎へ行きたい」というスタッフが何人も手を挙げてくれた。

④　無償でお借りする校舎は三階建てだが、小中学生が合わせて一〇〇人程度の私たちの構想にちょうどよい大きさだ。大規模な修理も必要ではない。それに二階部分がオープンプラン形式でできていて、私たちの日常の学習生活に向いている。遠くの子のために寮を建てなくてはいけないが、用地は、校舎のすぐ後ろの果樹園をお隣の琴野さんが譲ってくださった。建築は、この学校の卒業生でもある本山建設さんだ。

⑤　一九八〇年代の半ば、私たちが学校づくりを始めたころ、多くの人から「そんな極端な新しい学校なんて、日本じゃ絶対に無理だ。文科省が許すはずがない」という人が多かった。しかしその後、子どもの村のような学校をつくりたいという人たちもふえ、実際にできた学校もある。これまでどおりとは違った学校に対する関心と理解がほんの少しずつ、しかし確実に深まっているといってよい。

長崎の新設校には、北海道から二家族三人の子が入ってきている。きのくにとかつやまでは、寮のベッドが足りない。きのくにや南アルプスでは、空席待ちの子が数十人もいる状態である。

ひとこと付け加えると、文科省からは、これまで一度も指導も指示も受けたことがない。むしろ廃校施設の有効活用についてお尋ねの電話をもらい、「なにしろ日本で初めてのモデルケースです。絶対に失敗しないでくださいよ」とはげましてもらったくらいだ。それだけではない。長崎の場合には、かつやまの開校の時に大きな問題となった補助金の返還の話はまったく出なかった。それまでの二〇年の間に文科省の規定が緩和されていたらしい。胸を張っていおう。かつやま子どもの村が、廃校施設活用による学校づくりの道を開いたのだ。

学校法人きのくに子どもの村学園の設置する学校等

学　校　名	所在地	開校年	定員
きのくに子どもの村小学校	和歌山県橋本市	1992	120
きのくに子どもの村中学校	同	1994	60
きのくに国際高等専修学校	同	1998	60
かつやま子どもの村小学校	福井県勝山市	1998	60
かつやま子どもの村中学校	同	2001	45
北九州子どもの村小学校	福岡県北九州市	2006	72
北九州子どもの村中学校	同	2011	45
南アルプス子どもの村小学校	山梨県南アルプス市	2009	120
南アルプス子どもの村中学校	同	2012	60
ながさき東そのぎ子どもの村小学校	長崎県東彼杵町	2019	72
ながさき東そのぎ子どもの村中学校	同	2020	45
キルクハニティ子どもの村	英国スコットランド	2002	－

パジェロは走る――毎週、日替わりで五校めぐり

日曜日……午後遅くのフェリーで大阪または
　神戸から九州へ
月曜日……ながさき東そのぎ子どもの村小中
　学校（授業、会議など）
火曜日……北九州子どもの村小中学校（同）、
　その後フェリーで神戸または大阪へ
水曜日……山梨の南アルプス子どもの村の小
　中学校へ走る（同）
木曜日……福井のかつやま子どもの村の小中
　学校へ（同）
金曜日……きのくに子どもの村の小中学校と
　高等専修学校へ
土曜日……いろいろなデスクワークや研究会・
　講演など
日曜日……午後遅くのフェリーで大阪または

ウッドテラスづくり

神戸から九州へ

これが私の一週間のスケジュールである。愛車パジェロ（三菱）の走行距離は、フェリーでの往復分は除いて、およそ二二〇〇キロ。現在のクルマは三代目なのだが、新車購入から一年五か月で十二万キロを超えた。初代は二〇年余りで九七万キロ走り、二代目は六四万キロを過ぎてもまだ現役だ。三菱のクルマは丈夫で長持ちする。スピードも出るのに燃費もかなりよろしい。

私は何年か前に、このあわただしい毎日について一冊書きたいと、黎明書房（本書の出版社）の社長の武馬さんと約束をした。タイトルも『本籍きのくに現住所パジェロ―日本でいちばん忙しい学園長の一週間』とほぼ決まっている。しかし、この約束は今も果たされていない。じっくりすわってパソコンに向かう時間がない。今週こそはと思ってメモを取

子どもの村の運動会は保護者たちの楽しみのひとつ。がんばれ，お父さん

り始めると、そういう週に限って何かが起きる。武馬さんが年賀状にただひとこと「原稿」と書いてくるようになってから十年近くになる。ごめんなさい武馬さん。

26　きのくに子どもの村学園のDNA

見学の方から時々こんな質問を受けることがある。

「子どもの村はニイルの学校をモデルにしたそうですが、なぜ『日本のサマーヒル』を名乗らないのですか。」

きのくに子どもの村は、サマーヒルのコピーではない。A・S・ニイル、ジョン・デューイそしてジョン・エッケンヘッドという三人の偉大なパイオニアに学び、さらに少なからぬ教育論や実践から刺激とヒントをもらってできた学園である。

世界でいちばん自由な学校——ニイルとサマーヒル

ニイルからは、まず第一に教育とは何かを教えられた。

「われわれは、すべての迷信、因習、そして偽善から解放されたとき、その時はじめて教育を受

けたといえるのだ。」(『教師の手記』、一九一五年)

ニイルにとって学校の使命は、知識や価値観を子どもたちに「伝達」することではない。一人ひとりがみずからのものの見方、感じ方、考え方を形成して、自分自身の生き方ができるように援助することだ。子どもたちのこのような成長を妨げているのが、生後に親や教師や社会から加えられた禁止、脅し、心理操作などによってできた既成の道徳と本来の自分自身との葛藤だと、ニイルは言い切る。

「困った子というのは、実は不幸な子である。彼は内心においてたたかっている。その結果として外界とたたかう。」(『問題の子ども』、一九二六年)

「自分自身の生き方をする自由」

これがサマーヒルという学園の究極の目標である。

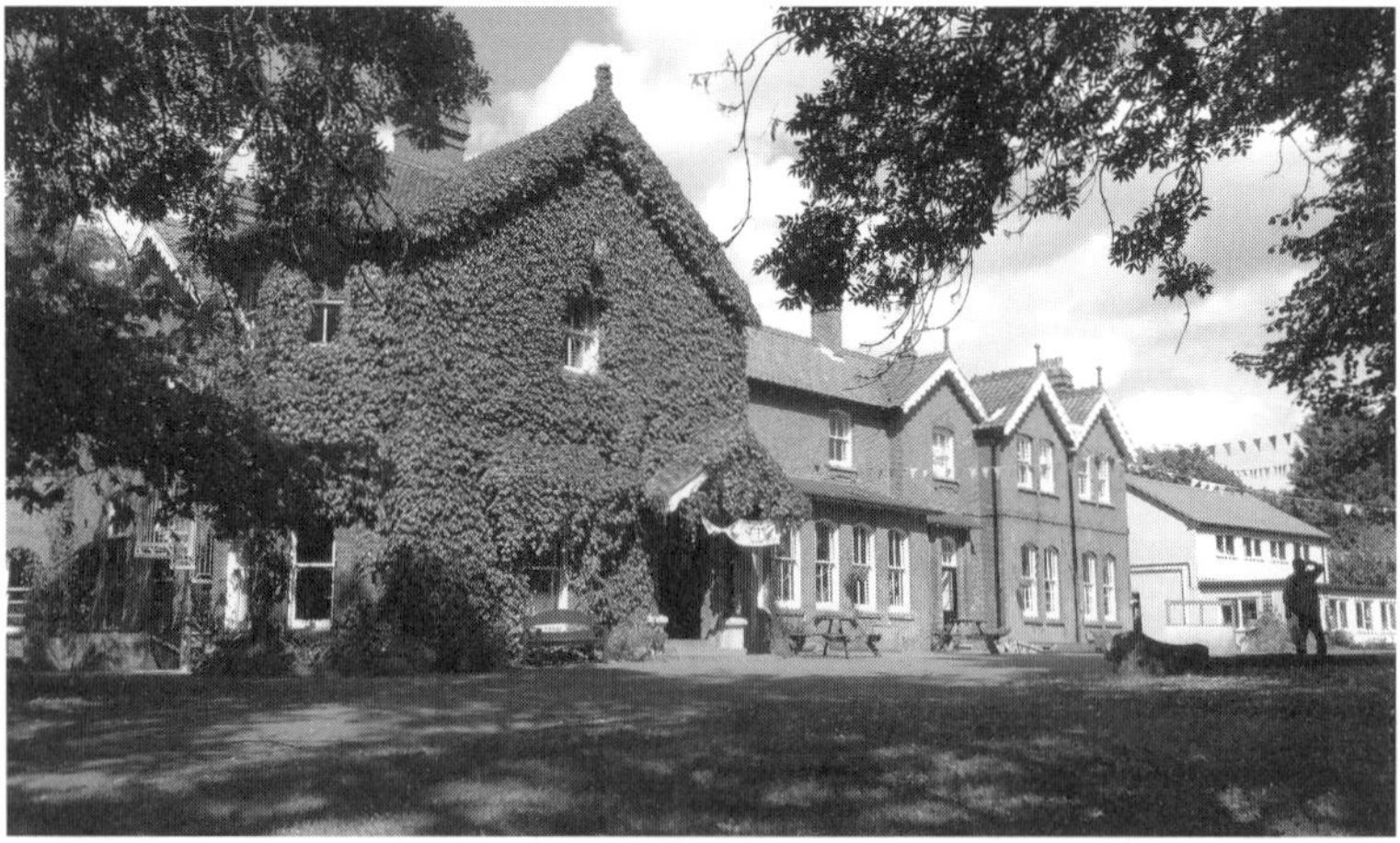

サマーヒル本館(1926年―)

この目標の実現のためにニイルは「子どもも大人も同じ一票の全校ミーティング」「授業に出る出ないの自由」「プライベートレッスンという名の心理治療」「子どもと大人がファーストネームやニックネームで呼び合う人間関係」などを大胆に採用した。

以上をまとめていえば、私たちがニイルとサマーヒルから最も強く深く学んだのは、この教育観の転換と子どもたちの内面への理解と共感である。

美術室（仮面づくり）

ビッグ・ビーチ
（ブナの大木からのターザン・ロープ）

一オンスの経験は、一トンの理論に勝る――デューイと実験学校

ジョン・デューイもまたニイルと同じように、知識と価値観の伝達を学校の本務と考える伝統的な教育観に異論を唱えた。

「教育の使命は過去の価値の伝達にあるのではない。未来の価値の創造にあるのだ。」

「教育とは、先の経験がそれに続く経験を導くように経験を連続的に再構成することである。」

「（子どもたち自身の）思考という要素のない経験は、教育的経験とはいえない。」（以上、『民主主義と教育』、一九一六年）

この経験の連続的な再構成を可能にするのは何か。それは、子どもが創造的に考える態度と力だ。子どもが具体的な問題や問題場面に興味を持って取り組み、観察し、仮説を立て、結論をまとめ、それを実行してその有効性を確かめる。うまくいかなかったら別のやり方を試みる。このような学習の進め方は「為すことによって学ぶ（Learning by Doing）」とか「活動的な仕事（Active Occupations）」とか呼ばれるようになった。

デューイの実験学校（1896年）

共に生きることによって学ぶ―ジョン・エッケンヘッドとキルクハニティ

ジョン・エッケンヘッドは、一九四〇年にキルクハニティ・ハウス・スクールを創設したスコットランドの教育家である。彼は公立学校の教員をしていた時にニイルを知って、すっかり傾倒してしまった。

「私はニイルの思想と実践に食いついて、釣り糸も釣り針も錘《おもり》もみんな飲み込んでしまった。」(kilquhanity House School, in *H.A.T.Child ed.：The Independent Progressive Schools*, 1962)

しかし彼は、ただたんにニイルの心理学（特に精神分析）に基づいた児童観に共感し、また自治や共同生活など、サマーヒルの実際生活を模倣しただけではない。デューイの「為すことによって学ぶ」方式を、デューイの実験学校よりももっと本格的な仕事として取り入れた。木工、裁縫、織物、畑仕事、料理、陶芸、校内誌の発行などだけではなく、養鶏・養豚、建物の建築、古楽

キルクハニティ・ハウス・スクール

器とレコードの制作などにまで活動の範囲を広げたのである。また、いわゆる用務員を置かず、学校内のさまざまな仕事を子どもと大人が手分けして引き受けることにした。子どもの村の毎朝の「ユースフルワーク」の起源はここにある。キルクハニティは、デューイの「為すことによって学ぶ」をもう一歩進めて「共に生きることによって学ぶ」学校だといってもよい。

ニイル―デューイ―エッケンヘッド―きのくに

今からはるか昔、私が京都大学へ提出した修士論文の最後は、以下のように締めくくられていた。

「デューイとニイルの思想は、その出発点が全く異なるものであるから統一や結合、綜合を企てるのは困難であろう。しかし、以上の考察から、少なくとも教育の具体的実践の上では、互いに示唆し、補い合って豊かな実りをもたらす可能性のあることは否定できないのではないだろうか。『どのような仕方で……』ということは今後に残された課題である。」（一九六七年十二月提出）

キルクハニティ・ハウス・スクールのツリーハット（1991 年）

この頃の私はまだキルクハニティについてはくわしく知らずにいた。しかし「ニイルとデューイの思想と実践を組み合わせた学校」という発想は、この論文の頃にすでに生まれていたことになる。キルクハニティこそは、ニイルとデューイの思想を具体的実践において統合した学校だといえよう。そして、この三者から励ましとアイデアをたっぷりもらったのが、きのくに子どもの村学園である。この三人はいずれもみずから学校をつくり、自分の考えを実行に移してその有効性を確かめた。偶然とはいえ、うまい具合に学園の理念を構成する主要遺伝子（DNA）は次のようになる。

John **D**ewey（一八五九―一九五二）
A・S・**N**eill（一八八三―一九七三）
John **A**itkenhead（一九一〇―一九九八）

さまざまな教育実践に学ぶ

子どもの村の理念と基本方針のDNAは、この三人の偉大なパイオニアの思想と実践である。しかし実際の子どもの村は、このほかにも少なからぬ先人たちから多くを学んできた。主なものを挙げてみよう。

①　イギリスの公立オープン・プラン・スクール
校舎の建築……子どもたちの移動と柔軟なグループ編成を可能にする設計。
ティームティーチング……クラスと担任を固定せず、チームを組んで指導する。

柔軟なグループ編成……縦割り学級、特別個人授業など。

学外者の応援……元教員、保護者、研修員、実習生、時には見学者まで上手に活用する、など。

② フリースクール運動
「サマーヒルをすべての子どもに」という熱い想い。（自由と無償という二重の意味でフリー。）

③ 生活綴方教育
生活実態への視線……東北地方の貧しい環境を直視し、いかに生きるかを考える。

教育改革への目の付けどころ……唯一国定教科書のない「綴り方」の枠内で教育の根本を問い直す。

④ カール・ロジャーズ
来談者中心カウンセリング……子ども自身がいかに考え行動すべきかを見つけるのを援助するための対話の技法。

⑤ 集団主義教育
話し合いと役割分担……子どもたちが話し合いを通じて目標を共有し、役割を分担し

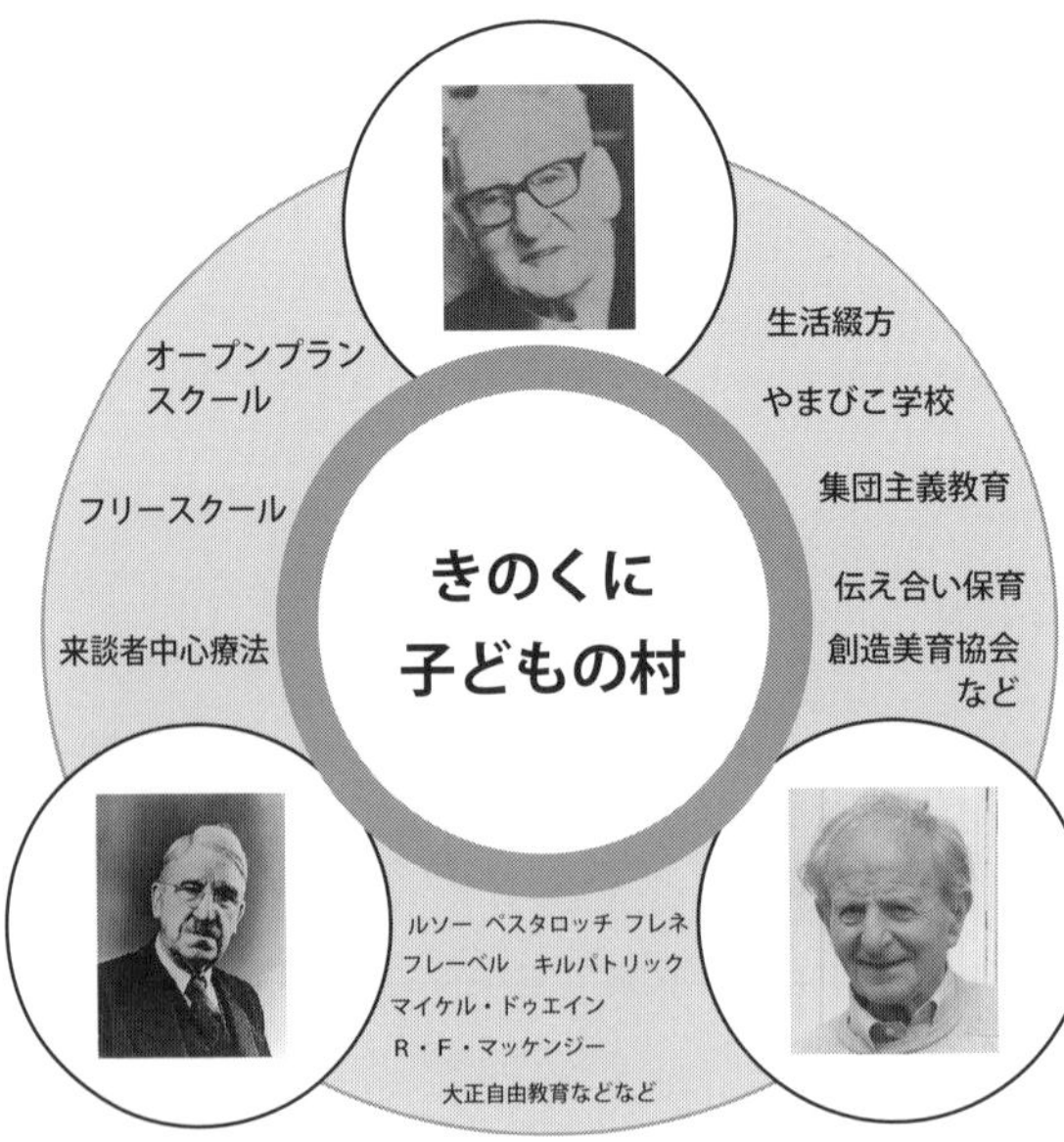

て大きな目標に挑戦する。

⑥　その他

◇　フレネ（子どもたちがつくり書店で販売する詩集など。）

◇　マイケル・ドゥエインとR・F・マッケンジー（サマーヒルの精神を公立中学校で実践しようと奮闘した校長。どちらもクビになった。）

◇　そのほか二〇世紀初頭からのいろいろな進歩主義学校。

◇　大正自由教育の時代に生まれたいくつかの学校など。

◇　創造美育運動（写生よりも子どもの内面の表現。）

学校づくりの今

北海道に新しい学校をつくるための長い間がんばりつづけているグループがある。名前は「北海道に自由な学校をつくる会」という。故鈴木秀一さん（元北海道大学教授）を中心に三五年も前に活動を始め、二〇二二年四月になんとか開校できそうなところまでようやくこぎつけた。場所は新千歳空港からほど遠くない長沼町だ。児童減少の波を受けて廃校になった北長沼小学校の施設を使わせてもらうことで町当局と合意ができている。三五年前といえば、私たち「新しい学校をつくる会」が活動を始めたのとほぼ同じ頃である。こんなに長いあいだ熱い志と夢を抱きつづけた人たちに、私は心から敬意を抱いている。

三五年前といえばまだ昭和の時代だ。マスメディアが校内暴力、家庭内暴力、不登校などの急激な増加を連日のように伝え、心ある人たちが「学校教育はこれでよいのか」と疑問を抱き始めた頃である。「つくる会」は一九八四年の秋に始まったが、学校をつくるといっても、いつになったら実現できそうか、という目途はまったく立っていなかった。「とにかく、息長くがんばってみよう。がんばらないで諦めるのはいやだ」というくらいの気持ちで始まったのだ。なにしろ壁は厚くて高い。

資金の壁……………最低一〇億円はかかるといわれていた。しかも銀行などからの借金があると私立学校としての認可は受けられない。

法的規制の壁………私立学校法と学習指導要領はいうまでもなく、ほかに建築基準法、消防法、各種の条例などが待ちかまえている。

世間の壁……………私たちは、自己決定と個性化と体験学習という基本原則を掲げて学校づくりを始めた。しかし、このような学校に対して広い理解がと共感が得られるかどうか。はたして子どもが集まりそうかどうか、など。

経験と能力の壁…自分たちには学校経営の実務経験がない。新しいタイプの学校の青写真を早急に確立しなくてはいけない、など。

三五年後の今になってみると、これらの壁はずいぶん低くなってきた。都道府県によって違いはあるけれど、新しいタイプの学校がつくりやすくなってきている。一例をあげれば、「まさかの時の基本資金」は、多くの県では最低一年分の経常経費相当分の金額となっていたが、和歌山では開校後一年間の人件費の額にまで緩和された。子どものいなくなった学校施設の私立校への転用の場合には、国庫補助金の残額を返却しなければならない、という規定もなくなった。その結果、日本各地から「子どもの村をもう一校」という打診が私たちのところへ相次いでいる。

文部科学省でも学校教育の改良に気を配るようになってきたような気配も見える。「道徳」の教科化という私たちの考えるのとは反対の方向には用心しなくてはいけないけれど、一方では「アクティヴ・ラーニング」とか「教科にまたがる学習計画」とかといい始めたのだから。

道徳教育について子どもの村では「学校生活全体が道徳教育」と考えている。またアクティヴ・ラーニングにかんしては、学習の内容と方法に子どもたちの意思が十分に生かされるのでなくてはいけない。教師主導のアクティヴ・ラーニングには十分に警戒したいものだ。

最後に、あえてもう一度いおう。

最近の我が国では、イエナプランや、サドベリーや、シュタイナーを標榜する学校やグループも出てきているようだが、きのくに子どもの村学園は、サマーヒルのコピーではない。子どもの村学園は、子どもの村学園である。

最後の最後にもうひとつ。二〇二〇年に始まったコロナ禍は新年に入ってもいっこうに収まる気配がない。学園では、用心のために三学期の最初の一週間を休校にした。それから三週間後、今度は三学期の終了日を一週間延ばすことにした。（だから春休みは一週間みじかくなる。）すると子どもたちは、五校どこでも盛大に拍手をして喜んでくれた。嬉しかった。ありがとう、子どもたち。

職員の五分の一は卒業生

二〇二二年一月現在、学園全体のフルタイムの教職員は一一二名で、その構成はほかの学校とはずいぶん異なっている。

学園の卒業生……二二名

保護者および元保護者……三六名

学生時代に興味を持って卒業と同時に採用された者……十七名

そのほか……三七名

そのうち夫婦の職員……十七組三四名

子どもの村は、強い想いを抱いて仲間入りしてくる大人たちによって支えられている学園である。

3学期の授業日の1週間延長を喜ぶ子どもたち（かつやま）

学校法人きのくに子どもの村学園のあゆみ

1984年9月　「新しい学校をつくる会」発足。会員6名。

1．サマーヒルをモデルにした自由な学校
2．学校法人の認可を得た正規の私立小学校
3．体験学習中心
4．寮のある学校。通学，週末帰宅，長期滞在の子ども
5．原則として同一基本給
6．大阪の中心部から2時間以内，緑ゆたかな地。

1985年7月　「きのくに子どもの村山の家」を開設。（橋本市清水西畑，所有者：木下善之氏）

12月　山の家合宿はじまる。（4泊5日，山の家，子ども15名）

1987年3月　橋本市立彦谷小学校が休校に入る。「つくる会」が市に対して施設の譲渡または貸与を申し入れ。彦谷区も住民全員が署名して市に要望書を提出。不調に終わる。

10月　「つくる会」と彦谷地区と合同運動会。

1988年6月　彦谷区が橋本市に学校施設の「有効活用」を請願。不調に終わる。自己所有の校地校舎による学校開設に方針を転換する。

7月　彦谷に「村の家」を開設。サマースクールはじまる。(2週間)

10月　キルクハニティのジョン校長夫妻，初の来日。(各地で講演)

1990年4月　学校用地（2筆）を取得。(彦谷地区，約5000㎡)

7月　ミキハウス木村社長より資金と人材面の支援のお約束をいただく。

12月　和歌山県知事に学校創設基本計画書を提出。

1991年4月　和歌山県知事に学校法人，小学校設置，設立準備財団の認可を申請。

6月　校舎などの建築と児童募集が始まる。

1992年3月　和歌山県知事から学校法人と小学校が認可される。(31日)

4月　**きのくに子どもの村学園小学校**が開校。(定員90名，理事長：喜田周一，学園長：堀真一郎，校長：松戸淳)

学校法人きのくに子どもの村学園のあゆみ

1993年4月　中学校の設置認可を申請。

1994年4月　**きのくに子どもの村中学校**が開校。（定員45名）
小学校名を「きのくに子どもの村小学校」に変更。
キルクハニティのジョン校長夫妻が2度目の来日。
「新しい学校をつくる会」が解散。

1995年7月　堀真一郎『きのくに子どもの村―私たちの小学校づくり』（ブロンズ新社）
10月　中学校が初の海外修学旅行。（イギリス，7泊8日）

1997年4月　和歌山県知事にきのくに国際高等専修学校の認可を申請。
6月　福井県知事にかつやま子どもの村小学校の認可を申請。
7月　堀真一郎『自由学校の設計』（黎明書房）

1998年4月　**きのくに国際高等専修学校**が開校。（定員45名，校長：桜井和之）
かつやま子どもの村小学校が開校。（福井県勝山市，定員48名）。自己所有の施設を持たない日本初の私立小学校。

1999年5月　サマーヒルスクール支援活動。（寄付金募集）
7月　高等専修学校が初の海外研修。（キルクハニティ，ほかに韓国など）
10月　サマーヒルのゾーイ夫妻，初の学園来訪。大阪と東京で講演。

2001年4月　**かつやま子どもの村中学校**が開校。（定員30名）

4月～　学園創立10周年記念事業。

（シンポジウム，10周年広場とキルクハニティの取得など）

2002年7月　**キルクハニティ子どもの村**オープン。改修工事へ。

2006年4月　公益法人「キルクハニティ子どもの村トラスト」認可される。

2008年4月　山梨県知事に南アルプス子どもの村小学校の認可を申請。

2009年4月　**北九州子どもの村小学校**（旧ひらおだい四季の丘小学校）の経営を引き継ぐ。（北九州小倉南区平尾台，理事長：堀真一郎，校長：丸山裕子）

10月　**南アルプス子どもの村小学校**が開校。（南アルプス市徳永，定員120名）

12月　中学生の書いた本『山の村から世界が見える』（黎明書房）

2010年4月　福岡県知事に北九州子どもの村中学校の認可を申請。

10月　山梨県知事に南アルプス子どもの村中学校の認可を申請。

2011年4月　**北九州子どもの村中学校**が開校。（北九州市小倉南区，定員45名）

4月～　学園創立20周年事業。
（シンポジウム，記念出版，ホール新設など）

2012年4月　**南アルプス子どもの村中学校**が開校。（定員60名）

きのくに20周年ホール完成。

キングズミューア小学校施設（スコットランド，フォーファー）を取得。

2013年7月　堀真一郎『きのくに子どもの村の教育』（黎明書房）

9月　北九州に寮2棟新築。

2014年4月　南アルプスに体育館を新築。（県より多額の補助あり）

10月　『中学生が書いた消えた村の記憶と記録』（黎明書房）

2017年11月　長崎県知事に，ながさき東そのぎ子どもの村小学校の認可を申請。

2018年9月　『増補・中学生が書いた消えた村の記憶と記録』（黎明書房）

　11月　長崎県知事に，ながさき東そのぎ子どもの村中学校の認可を申請。

　12月　『新装版　増補・自由学校の設計』（黎明書房）
かつやま子どもの村に20周年ホール完成。

2019年4月　**ながさき東そのぎ子どもの村小学校**が開校。（定員72名）

2020年4月　**ながさき東そのぎ子どもの村中学校**が開校。

　9月　堀真一郎訳『新訳　ニイルのおバカさん』（ニイル自叙伝，黎明書房）
堀真一郎『ごうじょう者のしんちゃん』（黎明書房）

2021年1月現在　学園全体の児童生徒総数＝667名，常勤職員総数＝115名）

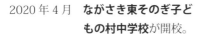

●著者紹介

堀　真一郎

1943年福井県勝山市生まれ。66年京都大学教育学部卒業。69年同大学大学院博士課程を中退して大阪市立大学助手。90年同教授（教育学）。

大阪市立大学学術博士。

ニイル研究会および「新しい学校をつくる会」の代表をつとめ，92年4月和歌山県橋本市に学校法人きのくに子どもの村学園を設立。94年大阪市立大学を退職して，同学園の学園長に専念し，現在に至る。

主な著書と訳書
『教育の革新は体験学習から―堀真一郎教育論文集』（黎明書房，2022）
『新訳　ニイルのおバカさん―A.S.ニイル自伝』（黎明書房，2020）
『ごうじょう者のしんちゃん』（黎明書房，2020）
『新装版　増補・自由学校の設計―きのくに子どもの村の生活と学習』（黎明書房，2019）
『きのくに子どもの村の教育―体験学習中心の自由学校の20年』（黎明書房，2013）
A. S. ニイル『新版ニイル選集・全5巻』（黎明書房，2009）
『自由学校の子どもたち―きのくに子どもの村のおもしろい人々』（黎明書房，1998）
『きのくに子どもの村―私たちの小学校づくり』（ブロンズ新社，1994）
『教育の名言―すばらしい子どもたち』（共著，黎明書房，1989）
『自由を子どもに―ニイルの思想と実践に学ぶ』（編著，文化書房博文社，1985）
『世界の自由学校』（編著，麦秋社，1985）
『ニイルと自由な子どもたち―サマーヒルの理論と実際』（黎明書房，1984）
J. アルヴァン『自閉症児のための音楽療法』（共訳，音楽之友社，1982）ほか。

連絡先　〒648-0035 和歌山県橋本市彦谷51番地　きのくに子どもの村学園
☎0736-33-3370　E-mail：info@kinokuni.ac.jp

体験学習《たいけんがくしゅう》で学校《がっこう》を変《か》える

2021年3月15日　初版発行
2023年1月10日　3刷発行

著　者　堀《ほり》　真《しん》一《いち》郎《ろう》
発行者　武馬久仁裕
印　刷　藤原印刷株式会社
製　本　協栄製本工業株式会社

発行所　株式会社 黎《れい》明《めい》書《しょ》房《ぼう》
〒460-0002　名古屋市中区丸の内3-6-27　EBSビル　☎052-962-3045
FAX 052-951-9065　振替・00880-1-59001
〒101-0047　東京連絡所・千代田区内神田1-12-12　美土代ビル6階
☎03-3268-3470

落丁本・乱丁本はお取替します。　ISBN978-4-654-02345-5